赤ちゃんと一緒に楽しむ

あそびアイデアBOOK

東京大学大学院教授
開　一夫 監修　倉田けい 絵

朝日新聞出版

はじめに

生まれたての赤ちゃんは、小さくてかわいくて、無力です。泣いていると、とても頼りなく、全力で守ってあげたくなります。

でも、本当に赤ちゃんは無力なのでしょうか？　本当に、なにもできない、なにもわからない無垢な存在なのでしょうか？　もしかしたら赤ちゃんは、生まれたときからいろいろなことがわかっているのかもしれません。僕は日々、そのようなことを思いながら、赤ちゃんのことを研究しています。

「いつ言葉を覚えたの？」「いつ自分の存在を知ったの？」「いつ鏡に映っているのが自分だってわかったの？」……いろいろ知りたいけれど、当然赤ちゃんは答えてくれるわけもなく、ましてや、赤ちゃんのときの記憶を覚えていて教えてくれる人もいません。だから、いろいろな方法で赤ちゃんのことを知りたいと思い、ときには仮説を立て、実験をして、日々「赤ちゃんの研究」をしています。

１９９５年からはじめた赤ちゃんの研究も、今年で26年目を迎え、その間、研究に協力をしてもらった赤ちゃんは、すでに７千人を超えました。

たくさんの赤ちゃんに接した中で思うことは、ひとりとして同じ赤ちゃんはいない、ということです。顔や体格はもちろんですが、成長の過程もスピードも、興味の持ち方も、みんなそれぞれ違います。泣きやむと話題のレジ袋のシャカシャカ音を聞かせても、実際に泣きやむ子もいれば、泣きやまない子もいる。おかあさんやおとうさんの顔が見える横抱っこや縦抱っこが好きな子もいれば、外の世界をもっと見たいと、外向き抱っこでニコニコしている子もいます。よく育児書などで、「何カ月で○○ができるようになる」と具体的な基準が示されていますが、そんな基準など役に立たないほど、自分の尺度で赤ちゃんたちは懸命に育っているのだと、教えられることばかりです。

だからこの本では、月齢や年齢ではなく、「首がすわったころ」「立っちのころ」といった、赤ちゃんの成長スピードを基準にあそびを紹介しています。「もう○カ月なのにうちの子はまだ○○ができない！」とあせる必要はありません。そもそも、これをしたら赤ちゃんはよりよく発達する、などというものなどないのです。

大切なのは、目の前の赤ちゃんと楽しくふれあうこと。そして、自分自身も楽しいと思えることです。この本で紹介しているいろいろなあそびを試しつつ、赤ちゃんの反応を見て、それぞれにあったお気に入りのあそびを見つけてあげてください。

東京大学大学院教授　開　一夫

POINT 1

「あそび」ってなあに？

はじめての赤ちゃんに対して、「どうやってあそべばいいの？」「赤ちゃんはなにが楽しいの？」と、戸惑っているおかあさんやおとうさんはたくさんいると思います。本当に、赤ちゃんにとって「あそび」とはいったいなんなのでしょう？

僕は、赤ちゃんが楽しいと感じるものは、すべてあそびだと思っています。だれかに決められたものではなく、楽しいからやる。おもしろいからやる。これこそがあそびではないでしょうか。

僕は赤ちゃんには、できるだけ楽しい思いをしていてほしいし、笑顔でいてほしいと思っています。言ってしまえば、赤ちゃんは、やりたくないことはやらなくていいのです。

赤ちゃんが自ら「やりたい！」と思えること、やっていて楽しいと思えることこそがあそびなんです。

肩の力を抜いて、赤ちゃんが楽しめること、そして大人が楽しいと思えることはなにか、考えていきましょう！

POINT 2

「あそび」はなんの役に立つの？

では、赤ちゃんとって「あそび」はなんの役に立つのでしょうか？　正直にいうと、あそびが人生の役に立つかどうかは現時点ではわかりません。あそびは訓練ではないからです。あそびは赤ちゃんが楽しむためだけのもの。「このあそびをすれば、○○が上手にできるようになる」などといった理由づけは不可能です。

たとえば、「ボールあそび」について考えてみてください。ボールあそびが好きな子が、みんな将来サッカー選手や野球選手になるわけではありませんよね。しかし、スポーツ選手の中には、赤ちゃんのころからボールあそびが大好きだったという人も多いはずです。

かの有名なスティーブ・ジョブズも言っていたように、点と点がいつ、どのタイミングでつながるかはそのときにならないとわかりません。ですが、今楽しくあそんでいる赤ちゃんの心はきっと幸せで満ちているはず。あそぶ理由なんて、それだけで十分なのではないでしょうか。

POINT 3

「できない＝きらい」ではない！

「あそび」は訓練ではないと言いましたが、あそびを「楽しい」と思うための訓練はある程度必要です。

ここが非常に難しいところなのですが、赤ちゃんがすべてのあそびを最初から楽しいと思えるわけではありません。みなさんも経験ありませんか？ 仕事でも勉強でも、はじめはうまくできなかったのに、練習をしたらどんどんできるようになって、楽しいと思えたこと――。

特に赤ちゃんは成長途中の段階にあります。そのため、「まだできないこと」が多くあります。でもその分、すぐにできるようにもなるのです。今日は興味を示さなかったあそびを明日には楽しげにやっているなんてことはよくあります。

あそびができなかったり、興味を示さなくても、「このあそびはきらいなんだ」と決めつけずに、何度でもあそびを提案してあげてください。新しいあそびができるようになれば、赤ちゃんだってうれしいのです。

POINT 4

やりたいことをやらせるのが「あそび」

成長のスピードは赤ちゃんによってそれぞれです。しかし、子育てがはじめてのおかあさんやおとうさんは特に、まわりの子とわが子を比較して、「あの子はボールを投げられるのに、うちの子はまだできない！　それどころか見向きもしない、大丈夫かな……」と心配しすぎてしまうことがあります。

しかし、赤ちゃんにはひとりひとり個性があり、やりたいこともそれぞれ違います。「あそび」において一番大切なことは、赤ちゃんがやりたいことをすること。もちろん、危ないあそびはさせないほうがよいですが、なんでもかんでも「危ないからダメ！」と取り上げてしまっては、赤ちゃんの自主性は育ちにくくなってしまいます。赤ちゃんがやりたいことを見守りつつ、危険なものがあれば、そっと取り除いてあげましょう。

大人も赤ちゃんも「楽しくあそぶこと」。これがもっとも重要なポイントなのです。

赤ちゃんと一緒に楽しむ

あそび アイデアBOOK

CONTENTS

CHAPTER 2 立っち ↓ あんよ のころのあそび

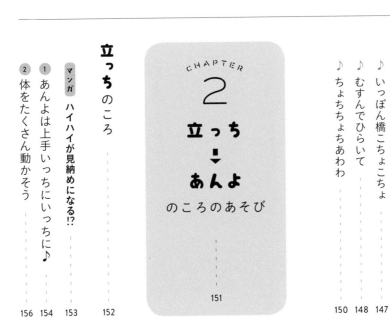

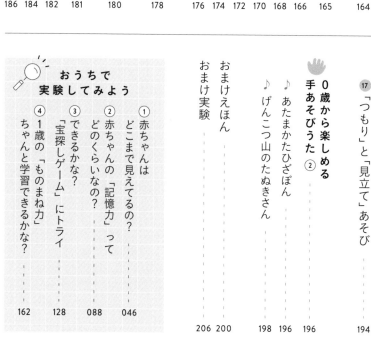

「赤ちゃん学」とは？

「赤ちゃん学」とは、赤ちゃんの心理や行動、脳の発達やその過程を、科学的アプローチに基づいて研究するという学問です。赤ちゃん学はここ20〜30年で目覚ましい発展を遂げており、大人の潜在意識の中に潜む「赤ちゃんは無力で弱いもの」というイメージを打ちくだくような研究結果をいくつも残してきました。

ここでは、赤ちゃんの持つさまざまな能力の中から、5つの能力をピックアップして、実験結果と照らし合わせながら、解説していきます。

この実験のいくつかは、おうちでも試していただけるものになっています。研究分野である以上、「実験」という表記を使っていますが、堅く考えなくて大丈夫。赤ちゃんの反応を楽しめる、ひとつのあそびと考えてください。

さまざまなあそびを楽しんで、赤ちゃんの「すごいところ」をたくさん見つけていきましょう！

赤ちゃんの持つ能力

＼ 能力 1 ／

数がわかる

計算力

赤ちゃんは生まれながらにして
1＋1＝2や、2－1＝1などの簡単な数の
「足し算」「引き算」ができる！

＼ 能力 2 ／

物理が理解できる

物理力

物体は物体をすり抜けることが
できないなどの物理の法則を
理解している！

＼ 能力 3 ／

善と悪が区別できる・比べる力がある

社会力

生まれて間もない赤ちゃんには
すでに社会を生き抜くための力が
備わっている!?

＼ 能力 4 ／

言葉がわかる

言語力

生まれてすぐの赤ちゃんは
どんな国の言葉のどんな発音も
聞き分けることができる！

＼ 能力 5 ／

自分がわかる

反応力

1歳すぎの赤ちゃんは
鏡に映った自分を自分であると
理解することができる!?

赤ちゃんの実験はどう行っているの？

赤ちゃんの実験と聞くと少し怖いイメージを抱くかもしれませんね。しかし、わたしたちは赤ちゃんをMRIに入れたり、負担がかかるような実験をしているわけではありません。基本的には、注意深くじっと見ることである「注視」を基準に赤ちゃんの行動を研究し、分析しています。

能力 1

赤ちゃんは 数がわかる!?

計算力

数がわかるといっても、0歳から難しい数式が理解できるわけではありませんが、生まれて5カ月をすぎた赤ちゃんは、1+1=1や、2-1=2などの間違った計算を「おかしいな」と感じることができると言われています。

赤ちゃんの計算力を示した有名な実験に、アメリカの研究者カレン・ウィンによるものがあります。その方法は次のようなものです。

❶ なにもない場所に人形を置きます（1番目の人形）。
❷ スクリーン（ついたて）がおりて人形が隠れます。
❸ もうひとつの人形が登場します（2番目の人形）。
❹ 2番目の人形を赤ちゃんから見えるようにスクリーンの後ろに置きます。
❺ スクリーンが上がって人形が現れます。
❻ 人形が2体現われた場合と、1体しか現れなかった場合の反応を確かめます。

この実験により、**赤ちゃんは人形が2体現われたときよりも、人形が1体しか現れなかったときのほうが注視（=注意深くじっと見ること）時間が長い**ことがわかりました。

注視時間によって赤ちゃんの選好を確かめる方法は、赤ちゃんの実験でよく使われているもので、赤ちゃんはありえない事柄や見慣れているものに対して注視時間が長くなるとされています。つまり、この実験により、赤ちゃんは**1+1=1がありえないことである、と理解している**ということが明らかになったのです。

赤ちゃんの計算力をふんだんに生かしたあそびを、ぜひ試してみてください。

赤ちゃんのここがすごい

実験 1 1+1=1、じゃないですから

能力
2

赤ちゃんは
物理が理解できる!?

物理力

重力に逆らって人が浮いたり、壁をすり抜けたりすることは、物理的にありえないことですよね。大人であれば、考えるまでもなくわかることですが、じつは生後5カ月の赤ちゃんでも「物理的にありえないこと」を理解しているのです。

赤ちゃんの物理力を調べた実験に、次のようなものがあります。

❶おもちゃの車が坂道を下ってスクリーン（ついたて）の後ろを通過し、また現れる様子を赤ちゃんに見せます。最後にスクリーンを上げて通路を見せます。この動作を繰り返し見せると、赤ちゃんはその動作に飽きてきます（＝馴《じゅん》化《か》）。

❷飽きてきたら、今度は車を遮ることができるほどの大きさの箱を、通路を避けて置きます。そして、①と同じ動作を見せます。箱を置いている分、先ほどとは動作が変わっているため、赤ちゃんはしばらくその動きをじっと見ます。しかし、だいたい①と同じくらいの時間で見慣れてしまい、その動作を見なくなります。

❸最後に、しっかりと通路をふさぐように箱を置き、車を走らせます。

通常ならぶつかるはずの車が、箱をすり抜けてスクリーンの後ろから現れたとしたら、赤ちゃんはどのような反応をするでしょうか？

この実験の結果、赤ちゃんは③の動作を①②の動作よりも長く見続けました（＝脱馴化）。このことから、赤ちゃんは、箱に遮られている通路を車が通り抜けられることは物理的に「あり得ない」と、理解していることがわかります。

大人が思っている以上に、赤ちゃんはいろいろなことを認識しているのです。

\ 赤ちゃんのここがすごい /

実験 2 だから、それはあり得ませんから……

能力
3

赤ちゃんは 善と悪が区別できる!?

社会力❶

自分の「道徳力」はいつごろ身についたものか、みなさんは答えられますか？ 子どものころの道徳の授業を思い出す人もいれば、その後の人生の軸となった大きな出来事を思い出す人もいるかもしれません。

しかし、じつは物事の善悪を把握できる能力は、赤ちゃんのころからあるようです。生後6カ月ほどの赤ちゃんを対象とした実験に、こんなものがあります。

❶セリフのないアニメをコンピューター画面で見せます。登場するのは色の違ういくつかのボールたち。効果音は入っていますが、セリフはありません。

❷画面には、赤いボールがいます。そこに、青いボールがやってきます。

❸青いボールは赤いボールに勢いよくぶつかり、その衝撃で赤いボールはつぶされてしまいます。

❹映像を見おわった赤ちゃんの前に、同じ赤と青のボールを置くと、赤ちゃんはどっちを選ぶでしょうか？

この実験の結果、ほとんどの赤ちゃんは、先ほど見た**アニメでつぶされてしまった、「赤色のボール」を選びました**。ボールの色を変えて再度実験をしてみても、ほとんどの赤ちゃんはつぶされたほうのボールを選んだのです。

このことから、赤ちゃんは、**生後6カ月ほどにして、いじわるをするものをきらい、弱いものを大切にするという意識を持っている**のではないかと推測されます。赤ちゃんのうちから、善と悪を判別する能力が備わっているとしたら、人間の「性善説」もあながちうそではないのかもしれませんね。

\ 赤ちゃんのここがすごい /

実験 3 やさしさの芽ばえ♡

能力 3

赤ちゃんは 比べる力がある!?

社会力❷

赤ちゃんには、自分にとってメリットがあるかどうかで物事を比較し、判断する力があると言われています。**赤ちゃんって意外と欲ばり**なのです。

そのことがわかる実験として、アメリカの心理学者ポール・ブルームらの研究グループが、生後10カ月の赤ちゃんに対して行った、次のような実験があります。

❶ **同じ姿形で、色の違う2つの人形を用意します。**

❷ **ひとつの人形の前にバナナを3本、もうひとつの人形の前にバナナを1本置きます。**

赤ちゃんはどちらの人形を選ぶでしょうか?

とてもシンプルで簡単な実験ですが、なんと、この実験の結果、**ほとんどの赤ちゃんが、バナナの本数が多いほうの人形を選んだ**のです。

同じ方法を使って、「道具」を持っている人形と、持っていない人形を赤ちゃんに見せたときの実験でも、多くの赤ちゃんが「道具を持っている人形」のほうを選びました。

もしかしたら、人は赤ちゃんのときから「**自分が〝得〟するほうを選択する**」と**いう、生きていくためにとても重要な力を持っている**のかもしれません。

赤ちゃんは、たしかに親やまわりの大人たちの支援がなくては、生きていくことができません。でも、赤ちゃんは大人が思うよりも、早いうちから自分なりのやり方で世界をとらえ、さまざまな情報を処理しています。多様性の尊重が受け入れられるこれからの時代、赤ちゃんが自主的な成長を、安全かつ健やかに行えるように、全力でサポートしていくことが大切なのかもしれません。

＼赤ちゃんのここがすごい／

実験4 「お得」を知っていれば生き抜ける!?

能力 4

赤ちゃんは
言葉がわかる!?

言語力

赤ちゃんはどの国のどんな言語の特殊な発音も、聞き分けられる能力を持って生まれてきます。日本人の大人が苦手とする、英語の「L」と「R」発音の聞き分けだってできるのです。これは、**どんな言語を話す親のもとに生まれても、対応できるための能力**だと言われています。赤ちゃんにとって、おかあさんやおとうさんとコミュニケーションをとるということは、それほどまでに大切なことなのです。

しかし、この能力は生後9カ月～12カ月ほどでなくなってしまいます。成長するにつれて、親の話している言語を理解できるようになり、必要のない言語の発音は自然と頭から消去しているのかもしれません。

そうは言っても、赤ちゃんは、ただ「音」に対しての認識力が高いだけなのでは？と思う人もいるでしょう。しかし、赤ちゃんが「言語」をきちんと理解していることがわかる、興味深い実験があります。

おかあさん（もちろん、おとうさんでも構いません）が読み聞かせをしている声を録音します。録音した音声を普通に再生すると、赤ちゃんはおかあさんの声にじっと聴き入ります。しかし、その音声を逆再生してみると、赤ちゃんはまったく興味を示さなくなったのです。

このことから、**赤ちゃんはどの言葉が「言語」として意味を持つのかを、きちんと理解している**ということがわかります。言葉を話す前の赤ちゃんも、大人が話す言葉の内容をある程度わかっているといえるでしょう。

たくさん話しかけて、赤ちゃんとのコミュニケーションを大切にしてください。

実験5 逆再生は日本語じゃない!?

能力 5

赤ちゃんは
自分がわかる!?

反応力

犬やネコの前に鏡を置くと、鏡の後ろにまわって、鏡の中の自分を探していた、というような動画を目にしたことはありませんか？　わたしたちにとって、鏡は自分の外見を認識するための最大のツールですが、いったいいつから鏡の中にいる人物が自分であると認識できるようになったのでしょうか？

鏡を使って、赤ちゃんが自分自身をどのように理解しているのかを調べた興味深い実験があります。この実験は、生後1歳2カ月〜2歳の赤ちゃんを対象にしたものです。

❶ **赤ちゃんといつものように楽しくあそび、気づかれないようこっそりと頭にシールを貼ります（頭をなでるときに、そっと貼るのがおすすめ）。**

❷ **そのまま3分間あそばせて、シールに気づいていないことを確認します。もし、シールに気づいてしまった場合は日を改めて試してください。**

❸ **赤ちゃんの前に大きめの鏡を置き、「この子はだれかな〜？」と聞いてみます。**

さて、赤ちゃんは自分の頭についたシールを取ることができるでしょうか？

実験の結果、**鏡の中の自分を見たあとに、自分の頭にさわり、シールを取ることができた子が一定数いました。**

もちろん、最初は鏡の中の自分を自分だと認識できない子もいますが、何度か鏡を見せていくうちに、認識できるようになる子もいます。鏡の中の子に手を伸ばし、鏡の中に映ったシールを取ろうとする子もいるかもしれません。

おうちにあるもので簡単にできる実験なので、ぜひやってみてください。

\ 赤ちゃんのここがすごい /

実験 6 鏡よ鏡。わたしはだあれ？

お絵かき楽しいね～
ぐりん ぐりん
今だっ!!
きれいな色でかけたね～
ぽん ぽん ペタ
よしよし、気づいてない！
ぬおおおおお
シュババ
あれ？
この子はだれかな？
んしょ んしょ
すごい！ちゃんと自分のことだってわかってる！

この本の使い方

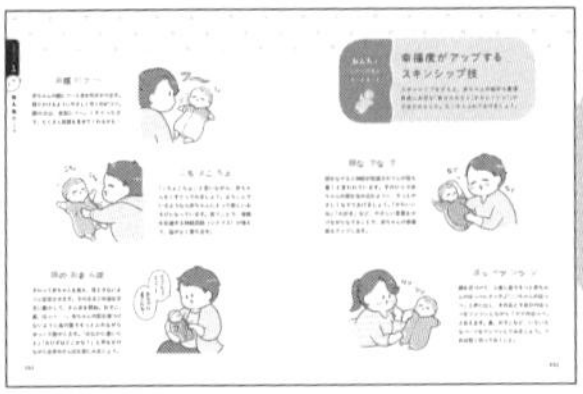

日常をもっと楽しくするあそびを紹介

- スキンシップ技…P.52
- スッキリ体操… P.72
- いないいないばあ… P.96
- いっぱいまねっこ…P.112
- お風呂であそぼう…P.178

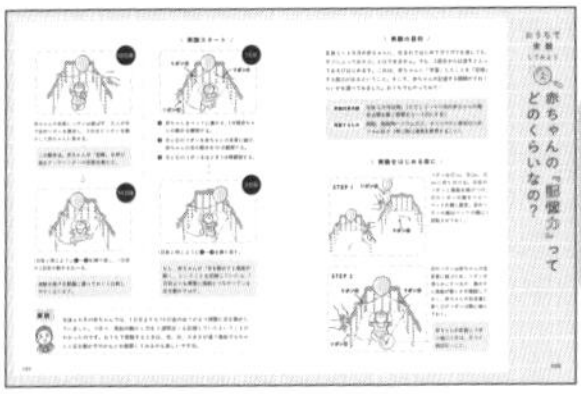

おうちでできる赤ちゃん実験を紹介

- 赤ちゃんはどこまで見えてるの？…P.46
- 赤ちゃんの「記憶力」ってどのくらいなの？… P.88
- 「宝探しゲーム」にトライ…P.128
- 1歳の「ものまね力」…P.162

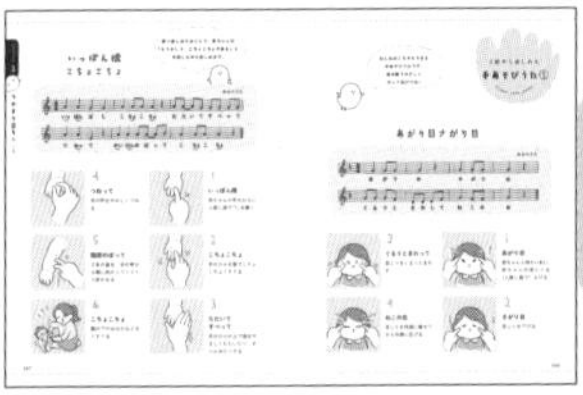

0歳から楽しめる「手あそびうた」を紹介

- あがり目さがり目…P.146
- いっぽん橋こちょこちょ… P.147
- むすんで ひらいて…P.148
- ちょちちょちあわわ…P.150
- あたまかたひざぽん…P.196
- げんこつ山のたぬきさん…P.198

おまけえほん＆おまけ実験

巻末に、おばけとムシちゃんのえほんと、おまけ実験のページがあります。赤ちゃんといっしょに楽しんでください。

おばけとムシちゃん

この本のサブキャラクター。親子ごっこにはまっている。どうして仲良くなったはナゾ。

あそびポイント

このあそびを行うことで、赤ちゃんのどのような一面が見られるのか、その一面が成長とどう関わっているのかを解説。

アイコン解説

心

赤ちゃんの幸せホルモンが上昇しそうなあそび。

体

赤ちゃんが体を動かすあそび。

感覚

見たり聞いたり口に入れたりさわったり……。感覚が刺激されることで赤ちゃんの「わかる！」が広がるあそび。

おうちで　お外で

家の中でできるあそびか、外でするあそびかを表示。

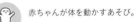

CHAPTER

1

ねんね
↓
つかまり立ち

のころのあそび

ねんね

のころ

表情も少なく、首もすわっていないからあそべない？　いいえ、赤ちゃんにとっては、お世話をしてくれる人の笑顔や声から、ミルク、オムツ替え、顔をふいてもらうなどのスキンシップまで、すべてがあそびなんです。

赤ちゃんは日常のすべてがあ・そ・び!?

ムスコくん
つん
ミ~
ム・ス・コく~ん
ムスコくんが生まれたらいっぱいあそぼう！って思ってたけど
お世話だけで精一杯で毎日がすぎていってる気がする
う~ん
けほ
わ ミルクの吐き戻しだ
ゴファァア
ふきふきしようね！
ふき！
あ
トン
ふき ふき！
あ~
う
トン
トン
カワイーッ!!
反応してくれてる!?
「あそぼう！」って気負わなくても日常のお世話の延長でお互い楽しめたらいいよね
たしかにそうだね

ASOBI 1

おてをギュッとにぎらせて

「にぎにぎ」はものをつかみとろうとする意識の芽生え、かも？

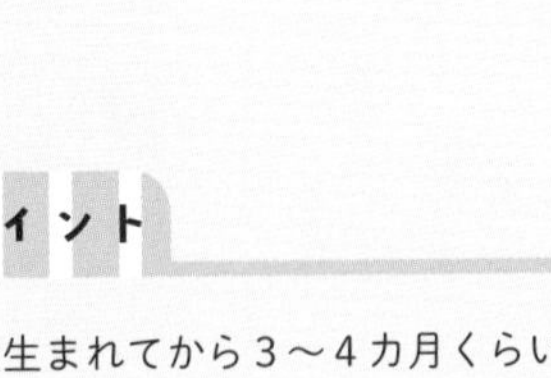
ぎゅう〜っ
きゃっ
かわいい♡
ジタバタ

感覚　おうちで

あそびポイント

赤ちゃんには生まれてから３～４カ月くらいまで「原始反射」機能が備わっています。原始反射とは赤ちゃんの意思とは関係なくおこる反射反応のことで、ふれたものをギュッとにぎるしぐさもそのひとつです。この反射を繰り返すことで、体の動かし方がわかるようになっていきます。原始反射が見られるこの時期だからこそ、それを生かしたあそびを楽しみましょう。

あそび方

赤ちゃんの手のひらを指でやさしくつついて、ギュッとにぎらせます。ギュッとしてくれたら「にぎにぎできたね」「これはママの手よ」などと声をかけながら、にぎった手をやさしく少しだけ左右に動かします。

ARRANGE

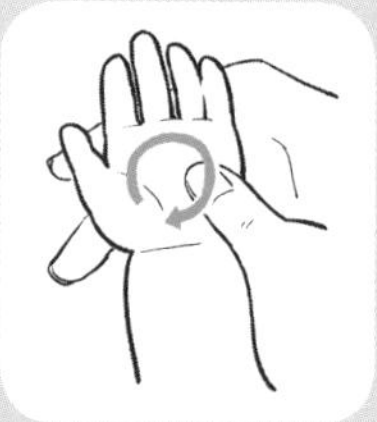

手のひらマッサージ

赤ちゃんの手のひらがパーになっていたら、手のひら全体に円を描くように、指の腹でやさしくマッサージをしてあげましょう。

CARE POINT

手は無理に開かないで！

生まれたばかりで筋力のない赤ちゃんの手は、グーにしているのが当たり前です。無理に開いたりせず、パーになっているときに行ってください。

ASOBI 2

マザリーズでお話ししましょ！

赤ちゃんは、抑揚のある
ゆっくりとした
高い声が大好き♪

むりは しないでね♡
キィィィ

心　感覚　おうちで

あそびポイント

赤ちゃんは「マザリーズ」という話し方を好むと言われています。具体的には、「やや声が高め」で、「ゆっくり」していて、「抑揚がある」話し方です。このマザリーズ、そんなに特別なことではなく、じつは赤ちゃんを前にすると、大人は自然にこの話し方になるということが実験でもわかっています。だから、無理に話し方を変える必要はありません。自然にたくさん話しかけてあげましょう。

あそび方

生まれたばかりの赤ちゃんは、20〜30cmの範囲のものならぼんやり見ることができます。顔を近づけて、ゆっくり話しかけてあげましょう。

CARE POINT 1

赤ちゃんは正面が好き♡

赤ちゃんは、生後30分で人の顔を好んで見るようになります。しかも、斜めを向いた顔よりも、正面の顔に刺激を受けやすいことが実験でもわかっています。赤ちゃんと話をするときは、正面を向いて、目を見ながら話してあげるほうが、愛情が伝わるはず。

CARE POINT 2

**どんな大人も
マザリーズに変える!?**

「赤ちゃんには、赤ちゃん言葉ではなく大人と同じように話すべき」という人がいます。でも、そんな人でも、赤ちゃんを前にすると声のトーンや話し方が微妙に変わっているはず。赤ちゃんには大人の話し方を変える能力があるようです。

ASOBI 3

見つめあってまねっこグーパー

赤ちゃんがまねをしたくなるそんな笑顔で♪

あそびポイント

生後間もない赤ちゃんに、おかあさんが目をあわせて手の運動を教えたときと、目をつぶって教えたときでは、目をあわせたほうが赤ちゃんは腕の筋肉をたくさん動かしていた、という実験結果があります。つまり赤ちゃんは、見つめあうことでたくさん体を動かそうとしていたのです。アイコンタクトは赤ちゃんの成長に、大きく関係しているのかもしれませんね。

あそび方

赤ちゃんの機嫌のよいときに、顔を近づけて目をあわせ、「グーパー、グーパー」と言いながら手を開いたり閉じたりしてみましょう。赤ちゃんは、同じように手を動かそうとするかな？

CARE POINT

顔まねできるかな？（新生児模倣）

生まれたばかりの赤ちゃんには、顔まねの能力があると言われています。これは「新生児模倣」と呼ばれるもので、「舌出し（べ～）」「口の開け閉め（ア～）」「唇の突き出し（チュ～）」の顔まねを、生後間もない赤ちゃんができたという研究報告もあります。ぜひ、試してみてください。まねをしても、してくれなくても、最後は大きな笑顔を見せてあげましょう。

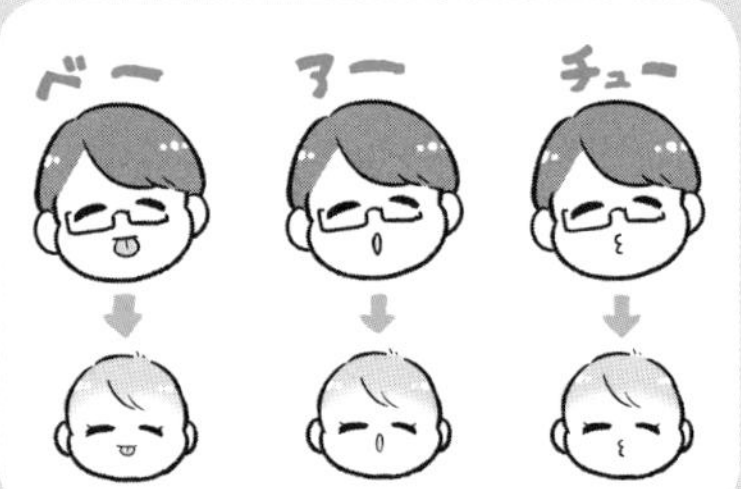

ASOBI 4

抱っこでゆりかご

声をかけたり歌ったり……。
やさしくゆらせば
安心感がアップ！

やさし～く
やさし～く
ゆらりん
ゆらりん

心　感覚　おうちで

あそびポイント

生後９週の赤ちゃんを５分間、おかあさんと離して別の部屋に寝かせたところ、赤ちゃんは泣いてもおかあさんが来てくれないことに恐怖を感じ、体温が１度近く下がった、というデータがあります。抱きぐせがつくなどと言わず、赤ちゃんが泣いたらできる限りやさしく言葉をかけて、ゆらゆらゆらしながらスキンシップをはかり、赤ちゃんを安心させてあげましょう。

あそび方

首がぐらつかないように頭を腕の内側に乗せて、横向きに抱っこしてゆらゆら。顔を近づけて目をあわせ、にっこりほほえみながら名前を呼んだり、話しかけたりしましょう。

➡ ARRANGE

抱っこ＋やさしい動きにリラックス効果が！

赤ちゃんは、親に抱っこされながら歩いてもらうと、心拍数が下がり、リラックス状態になると言われています。抱っこ＋やさしい動きを日常にぜひ取り入れてみてください。赤ちゃんによって好きな抱っこがあるので、いろいろ試してみましょう。

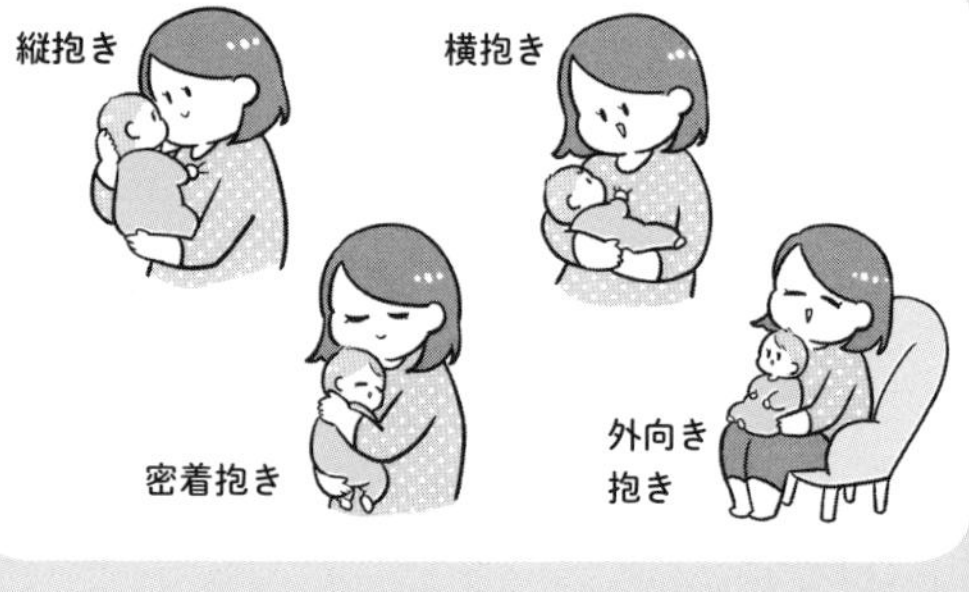

※首がすわるまでは、首をしっかり支えるなど十分に注意してください。

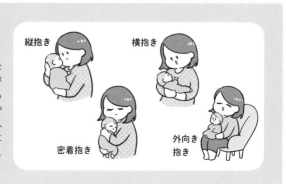

ASOBI 5

クーイングでおしゃべり

自分の言葉に反応があるってうれしいことだよね♪

いっぱい はなそ♡
アーアー
アーアー

心　感覚　おうちで

あそびポイント

生後1カ月ぐらいから、気分が落ち着いていて機嫌のよいときに、「アー」や「クー」といった声を出すことがあります。これは「クーイング」と言われるもので、声帯が発達してきた証拠です。これまでのコミュニケーションは、大人が話しかけるだけのものでしたが、赤ちゃんの言葉に反応を返すことで、赤ちゃんとの愛着をより深めていくことができます。

あそび方

クーイングは自分の声を聞いて、こんなふうに声が出るのかと試しているとも言われています。赤ちゃんが「アー」「クー」と声を出したら、「アーなの」「クーなのね」と同じトーンで言葉を返してあげましょう。

ARRANGE

声かけでさらにご機嫌度がアップ

オムツ替えや沐浴のあとに声をかけながらスキンシップ（P.52～53参照）をすると、ご機嫌度がアップして、いつもよりも大きな声でたくさんクーイングしてくれるかも。

CARE POINT

**赤ちゃんは
おかあさんの声が好き♡**

赤ちゃんは男性よりも女性の声のほうが好きで、特におかあさんの声が大好き。生まれた直後からおかあさんを区別していることが研究でわかっています。

ASOBI 6

モビールゆらゆら

予想がつかない
動きだから
飽きずに楽しめるね♡

あそびポイント

ゆったりと動くモビールは赤ちゃんの興味をひくおもちゃのひとつ。せっかくモビールを置くなら、この時期の赤ちゃんでも見ることができる30cmほどの距離につり下げてあげましょう。また、モビールの購入や手づくりを考えている人は、赤ちゃんの視覚に入りやすい赤や青色などのはっきりした色や、キラキラ光るものを選ぶと、赤ちゃんも楽しめるはずです。

あそび方

モビールは、赤ちゃんの目につく場所（赤ちゃんから30cmほどの距離）につり下げます。鈴などをつけて、やさしい音が出る工夫をするのもよいでしょう。定期的に位置を動かして、顔の向きを変えてあげましょう。

ARRANGE

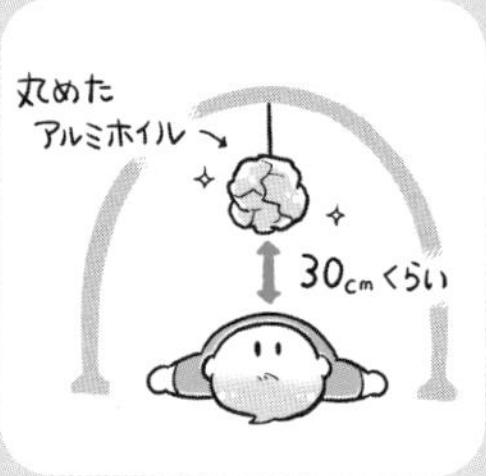

キラキラモビール

赤ちゃんは光るものが大好き。アルミホイルを丸めたものを、今あるモビールにプラスしてみてもいいかも。

CARE POINT

カーテンモビール

気持ちのいい陽気の日に、少しの時間窓を開けてみましょう。風が入るたびにゆれるカーテンの動きは、天然の大きなモビールのよう。風の心地よさも体感できます。

ちゃんと目で追えるかな？

動かすスピードはゆっくりね♡

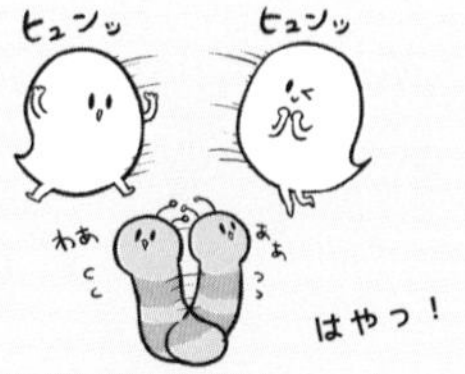

体　感覚　おうちで

あそびポイント

首が徐々にすわってくると、赤ちゃんの動きも活発になってきます。手足をバタバタ動かしたり、顔を動かしてものを追いかける「追視《ついし》」ができる子も増えてきます。追視で顔を動かすことは首のすわりにもつながり、赤ちゃんの視野を広げてくれます。赤ちゃんのお気に入りのおもちゃを持ち、声をかけながら左右にゆっくり動かして、追視あそびを楽しみましょう。

あそび方

赤ちゃんの顔の近くでおもちゃを見せ、右から左へゆっくりおもちゃを動かして目で追わせます。「○○ちゃん、こっちよ」とやさしく呼んであげましょう。音の出るおもちゃを使うと、赤ちゃんの目を引きやすいです。

ARRANGE

もう少し成長したら

首がしっかりすわってくると、追視範囲もかなり広がり、中には180度だって動かしOK、という赤ちゃんもいます。そうなれば、より広い範囲で追視あそびが楽しめます。あそびながら「ずいぶん追えるようになったね」「すごいね」と、よろこびの声をかけてあげれば、赤ちゃんだって気分がいいはずです。

ASOBI 8

外気浴を楽しもう♡

公園のおさんぽは3カ月すぎてからがおすすめです。

ぽか
ぽか
おそと
だいスキ！

心　感覚　お外で

あそびポイント

赤ちゃんにも外気浴は必要です。外の空気にふれることで新陳代謝が盛んになり、食欲が増し、また、新鮮な空気や光が肌に刺激を与えることで抵抗力もついてきます。体の発達にもつながると同時に、赤ちゃんやお世話をする大人の気分転換にもなります。はじめは、暖かな日に窓を５～10分開け、慣れてきたらベランダや玄関先に出て新鮮な空気にふれさせてあげましょう。

あそび方

天気のよいおだやかな日に、赤ちゃんを抱っこしてベランダや窓ぎわ、玄関先などに出て、太陽の光や風にふれさせます。「風が気持ちいいね」「あったかいね」など声をかけながら、外気浴を楽しみましょう。

ARRANGE

自然とふれあう

外に出たら、花の匂いを嗅がせたり、首がすわったら葉っぱをさわらせたり、外でしか味わえない体験をさせてあげましょう。

CARE POINT

無理はしない

首がすわるまでは無理に戸外に出る必要はありません。この時期の外気浴はあくまでの親子の気分転換と考えて！　天気の悪い日や寒い日、暑い日は避けてください。直射日光が当たらないように帽子を忘れずに！

おうちで実験してみよう 1

赤ちゃんはどこまで見えてるの？

問題　赤ちゃんが好きな模様はどれでしょう？

生まれたばかりの赤ちゃんの視力はわずか0.01～0.02ほどで、生後1カ月までは光がわかる程度だと言います。その後、3カ月で0.05、6カ月で0.1前後、9カ月で0.1～0.2前後まで発達し、両目で立体視できるのは6歳くらいと言われています。では、赤ちゃんの好きな模様は、下の図形のうち、どれだと思いますか？

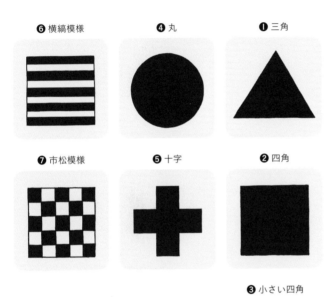

❻ 横縞模様

❹ 丸

❶ 三角

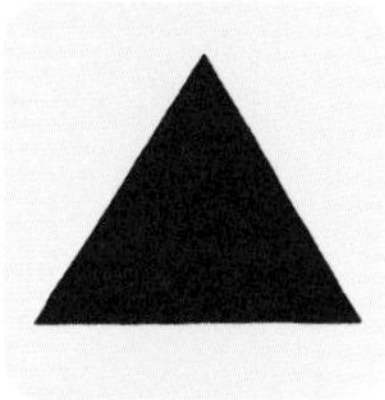

❼ 市松模様

❺ 十字

❷ 四角

❸ 小さい四角

答えは 7

赤ちゃんの注視を研究しているアメリカの心理学者ロバート・L・ファンツが、上の図形のうち、赤ちゃんがどの図形を注視したかを調べたところ、❼の市松模様を長く注視したという結果がでました。みなさんも、ぜひおうちで実験をしてみてください。

※カードは厚紙に貼って行いましょう。

＼ 赤ちゃんの見えている世界 ／

photo:Anastasiya Babienko

解説

赤ちゃんは、上の写真のように、深く霧がかかったような世界を見ています。生後3カ月ごろまでは、まだ色のコントラストもはっきりしません。そのため、赤などの強い色や、市松模様のようなコントラストのはっきりした模様を好むのだと言われています。

ASOBI 9

見えるの楽しいね♪

コントラストのはっきりした色や模様が好き♡

どっちもオバケですが……

感覚　おうちで

あそびポイント

生後3カ月ごろになると、色がわかるようになり、4カ月ごろには大人と同じくらいに色を見分けられるようになるそうです。とはいえ、この時期の赤ちゃんの世界はまだ曖昧です。だから赤・青・黄色のようなはっきりした3原色を好むのでしょう。赤ちゃんは、これからあそびを通してたくさんのものを見ていきます。その瞳には、美しいものが映っていてほしいですね。

あそび方

厚紙と割り箸で市松模様やうず巻き模様などのカードをつくり、赤ちゃんに見せてみましょう。長く見ているほうが好きな模様です。

➡ ARRANGE

カラフルなしきものの上で

首がすわり、うつ伏せから顔が持ち上がるようになったら、カラフルな模様のラグやマットなど、敷きものの上に置いてあげましょう。うつ伏せのときは模様が見えて、首を上げれば人の顔や別の景色が見える。赤ちゃんの見る楽しみが広がります。

ASOBI 10

レジ袋キャッチャー

赤ちゃんは
このシャカシャカ音が
どうして好きなんだろう？

シャカシャカ
とおりまーす♪

体　感覚　おうちで

あそびポイント

レジ袋をシャカシャカさせると赤ちゃんが泣きやむと言われています。好む理由は、おなかの中で聞いた血液が流れる音に似ているなど諸説ありますが、科学的な証明はされていません。ただ、一部の赤ちゃんにとってレジ袋は、聴覚的に刺激される音であり、さわると形も変わって触覚的にも刺激される魅力的なおもちゃであることは事実のようです。

あそび方

レジ袋に空気を入れて口を結び、ひもをつけておなかの真上におろしてみましょう。赤ちゃんは袋をキャッチして、さわったり、口で確かめたり、シャカシャカしはじめたりします。絶対に目を離さないでくださいね。

ARRANGE

ボールをガシッ！

空気を少し抜いたビーチボールにひもをつけて、同じようにおなかに乗せてみましょう。レジ袋とは違ったツルツルの感触を楽しむことができます。

CARE POINT

にぎれるボールがすごい

世界的にヒットしている「オーボール」。ボールが網の目になっていてにぎりやすく、転がりやすい。
すばらしい発明だと開先生。

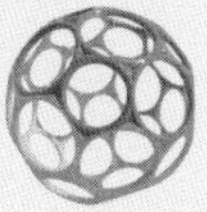

ねんねのころの日常をもっと楽しく

幸福度がアップするスキンシップ技

スキンシップをすると、赤ちゃんの脳から愛情形成に大切な「幸せホルモン(オキシトシン)」が分泌されるとか。たくさんふれてあげましょう。

頭なでなで

頭をなでると神経が刺激されて心が落ち着くと言われています。手のひらで赤ちゃんの頭を包み込むように、そっとやさしくなでてあげましょう。「かわいいね」「大好き」など、やさしい言葉をかけながらなでることで、赤ちゃんの幸福度もアップします。

ほっぺツンツン

顔を近づけて、人差し指でそっと赤ちゃんのほっぺにタッチ。「○○ちゃんのほっぺ」と声に出し、そのあとで自分のほっぺをツンツンしながら「ママのほっぺ」と伝えます。鼻、おでこなど、いろいろなパーツをツンツンしてみましょう。つめは短く切っておくこと。

お顔にフ〜

赤ちゃんの顔にフ〜と息を吹きかけます。語りかけるようにやさしく吹くのがコツ。顔の次は、首筋にフ〜。くすぐったさで、たくさん笑顔を見せてくれるかも！

こちょこちょ

「こちょこちょ」と言いながら、赤ちゃんをくすぐってみましょう。よろこんでいるようなら赤ちゃんにとって楽しいあそびになっています。笑うことで、情報を伝達する神経回路（シナプス）が増えて、脳がよく育ちます。

体のおさんぽ

すわって赤ちゃんを抱え、落とさないように安定させます。そのまま2本指を交互に動かして、さんぽを開始。おでこ、鼻、ほっぺ……。赤ちゃんの肌を傷つけないように指の腹でそっとふれながらゆっくり動かします。「おなかに着いたよ」「おひざはどこかな？」と声をかけながら全身のさんぽを楽しみましょう。

あんよをクイクイ

赤ちゃんの足の裏に手を当て、両足をクイクイと同時に軽く押します。慣れてきたら、足をポーンと押し返そうとします。これを繰り返せば、両足の運動にもなります。

おなかをブブー

おなかに唇をつけてフーッと息を吐き出してみましょう。赤ちゃんのおなかが振動して「ブブー」と音が出ます。その音と、おなかが震える感覚がおもしろいのか、多くの赤ちゃんが笑顔になります。

足の裏をブブー

赤ちゃんの足首をやさしく持って、足の裏にブ～ッと息を吹きかけます。ときにはソフトに、ときには音が出るほど強めにやってみてください。赤ちゃんのよろこび度がアップするはずです。

となりでペタッ

ご機嫌のときに、赤ちゃんの顔や体にペタッと寄り添い、ふれあいタイムを楽しみます。赤ちゃんに安心感が生まれて、愛着や信頼が育ちます。ただし、乳幼児との添い寝にはリスクがあるので本気で寝ないように！

トクトク心音でリラックス

リラックスした姿勢で抱っこをして、赤ちゃんをできるだけ胸にくっつけて心音を聞かせます。大人がゆったり呼吸をしていると、不思議と赤ちゃんも安心します。親子でめいっぱい、リラックスしましょう。

スキンシップで育つ心

安心と安定をもたらすふれあいタイムは、赤ちゃんの心の形成にも大きく左右します。泣いていた赤ちゃんが抱っこをすると泣きやむのは、幸せホルモンのオキシトシンが分泌するからと言われています。スキンシップ開始10分ほどで幸せホルモンが分泌し、それは50分ほど続くというデータもあります。毎日のスキンシップで、赤ちゃんを幸せ気分にしてあげましょう。もちろん、それは大人も同じで、赤ちゃんとのスキンシンップで幸せを感じると、産後うつの予防にもつながるとも言われています。

全身なでなで

お風呂上がりなど、赤ちゃんの体をやさしくゆっくりなでるように全身をマッサージ。血流がよくなり、肌もポカポカに。リラックス効果もあるので、ぐっすり眠ってくれるかも！

首がすわった　ころ

首がすわると、視覚や聴覚と手の運動が少しずつ連動できるようになります。音のするほうを向いておもちゃをつかんで口に入れたり、かじったり……。安全に気を配りながら、感覚を刺激したあそびで、発達をサポートしてあげましょう。

まずは、お口ファーストで！

ASOBI 11

お気に入りをさがせ～

グーだった手が開いて、
にぎる力がついたら、
いろんなものを
さわらせよう♪

体　感覚　おうちで

あそびポイント

首がすわるころになると、にぎる力がついてきます。手は第二の脳。あそびのひとつとして、いろんなものをにぎらせてあげましょう。手のひらを通して、冷たい、あたたかい、やわらかい、かたいなどたくさんの感触を感じることは脳への刺激にもなります。口に入れても安全なものを用意して、必ず大人が見守りながら行ってください。

あそび方

ボールやタオル、人形など、いろいろな素材のものをにぎらせて、反応を観察します。長くにぎっていたらお気に入りのサイン。「タオルが好きなんだね」など、話しかけながら楽しんでください。

➡ CARE POINT

口に入れても安心なものを！

このころの赤ちゃんは、口が一番の感覚器官。手にしたものは、すべて口に入れます。でも口へ運ぶとき、たまに赤ちゃんも失敗するって知っていましたか？　自分の顔にぶつけてびっくり！　なんてこともよくあるので、にぎりやすく、顔に落ちても安心なものを与えてあげましょう。

ASOBI 12

パタパタシャンシャン

体を動かすと音が出る！
なんて楽しい世界♪

おもすぎる
おもちゃは
NGね！

体　感覚　おうちで

あそびポイント

胎児のころから聴覚が発達している赤ちゃんですが、３カ月をすぎたあたりから、脳で音として認識しはじめます。呼びかけるとうれしそうな顔をしたり、声に出して応えてくれたり、音の鳴る方に顔を向けたり……。手足の動かし方も活発になってくるので、体を使った音あそびを試してみましょう。

あそび方

タオル地などの軽くてやわらかく音の出るガラガラを、手や足首にやさしく巻きつけておきます。さて赤ちゃんは、自分の手足が動くたびに音が鳴ることに気づいて楽しんでくれるかな？

ARRANGE

手足の打ち鳴らしをお手伝い

赤ちゃんは飽きっぽいんです。だから巻きつけたおもちゃに飽きてしまったり、気づかないでいたりしたら、大人がちょっとだけ手伝ってあげます。両足を持ち上げて、軽く打ちあわせて音を出し、「音が鳴ってるね」「楽しいね」など、言葉をかけながら、あそび方を教えてあげましょう。

ASOBI 13

おもちゃ取れるかな？

取れなくてかわいそう……
なんて、すぐに渡しちゃダメ！
そこはがまん、がまん。

体　感覚　おうちで

あそびポイント

目にしたものを取ろうとする姿が見られたら、自分からおもちゃをつかみにいく獲得あそびにトライしてみましょう。手を伸ばしてものを取るというしぐさは、目と手をいっしょに動かさなければならず、それは脳の働きが高度になってきた証。はじめは上手に取れなくても、がんばったら取れたということが赤ちゃんは楽しいので、おもちゃをすぐに渡したりしないように！

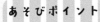

あそび方

タオル地でできた音の出るマラカスやぬいぐるみなどを持ち、「こっちだよ〜」と声をかけて興味を持たせ、赤ちゃんがつかめそうな距離で静止。おもちゃをさわろうと手を伸ばすのを待ちます。

こっちだよ〜
届くかな？

➡ CARE POINT

発達のしるし「ハンドリガード」

３〜４カ月ごろになると、自分の手をじっと見つめる「ハンドリガード（手かざし）」がはじまります。これは、自分の手を体の一部と認識したときに見られるしぐさです。これが現れたら「ものを見る力」と「体を動かす力」が備わってきたサイン。おもちゃを使ってのあそびも、だんだん楽しめるようになってきます。

カッ

※ハンドリガードが見られなくても、自分で体をコントロールできるようになれば心配ありません。

ASOBI 14

ほっこりおふねでゆ〜らゆら

大きくて安心できる
パパのおふねも
大好きです！

ふなよいするほど
ゆらさないで〜
ゆらっ
ゆらっ
ゆらっ

心　体　感覚　おうちで

あそびポイント

赤ちゃんは抱っこされると、愛情ホルモンのオキシトシンが分泌されて、人を信頼したり、大切に思う気持ちが育まれるそうです。このオキシトシンは母性ホルモンとも呼ばれていますが、じつは男性でも子育てをしているとオキシトシンの分泌量が増えることがわかっています。休みの日に赤ちゃんと密着あそびをしてみては。

あそび方

仰向けになり、胸の上に赤ちゃんをうつ伏せにして乗せたら、両手で体をしっかり支えます。「わ〜。大きな波が来ましたよ〜」と言って、体をゆっくり左右にゆらゆら。大人の筋トレにもなります！

ARRANGE

ひとりで鍛えちゃうもん♪

首がすわり、顔を持ち上げる動きが見られたら、うつ伏せの赤ちゃんの目の前に好きなおもちゃを置いてみましょう。目の前のおもちゃ見たさに、長い時間顔を上げている、なんてことがおこるかも！　これはもう、自主トレです。

ASOBI 15

大きな布のあそびバリエ

大きな布が1枚あるだけで
あそびが広がるね♪

心　体　感覚　おうちで

あそびポイント

赤ちゃんは、見たり、聞いたり、さわったり、口に入れたりすることで、日々たくさんの刺激を受けています。これを専門用語で「感覚」と呼び、赤ちゃんは、感覚を通して「わかる！」を広げていきます。そして、この布あそびもそのひとつです。あそびながら、「布ってサラサラなんだ」「ふわってされるとくすぐったい」などの情報がインプットされていきます。

あそび方

シーツなどの大きな布を用意します。布の両端を持ってやさしく風を送ったり、ふわっと全身にかけたり、「いないいないばあ」をしたりします。

ARRANGE

ハンカチひらひら

赤ちゃんのお世話に欠かせないガーゼのハンカチも、あそび道具になります。慣れ親しんだハンカチで、ひらひらされたり、顔にふわっとかけられたり、引っぱりあいができたら……、おや？　ハンカチって口をふくだけの道具じゃないんだ、と思うかも!?

ASOBI 16

ボールがコロりん

はじめてのボールは、やわらかくて、にぎりやすくて、安全なものがいいね♡

コ~ロ
コロ
ちいさいボールは
やめてね

体
感覚
おうちで

あそびポイント

転がす、追いかける、手を伸ばす、捕まえる、また放す。ボールあそびには、ほかのあそびにはない意外性と、追いかけるという体験型のワクワク感があります。もちろん、まだ動けない赤ちゃんにとってもそれは同じこと。転がるボールを目で追って、手を伸ばし、捕まえようとします。追視をしながら首を左右前後に動かすことで、首のトレーニングにもなります。

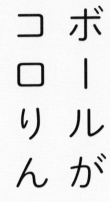

あそび方

直径10cmほどの軽くてやわらかいボールを赤ちゃんのおなかのに乗せ、「コロコロコロ～」と転がりにあわせて音を口に出して、ボールの行方が追えるようにゆっくり転がします。

➡ ARRANGE

風船さわれるかな？

赤ちゃんの手がやっと届くほどの位置に風船をつるしておきます。手を伸ばして風船にふれると、風船はふわっと動いてまた元の位置に。赤ちゃんはその動きに興味津々。風船に布をかぶせておくと割れても安心です。なお、風船を使った実験はP.88～89にもあります。

ASOBI 17

ひざの上でポンポン

向かいあっているから
ぜんぜん怖くないね♪

ソフトなたてゆれ
スキです♡
フワッ
フワッ

心　体　感覚　おうちで

あそびポイント

縦抱きをしても頭がふらつかないほど首がしっかりしてきたら、ひざの上でポンポンと動く、赤ちゃんに大人気のふれあいあそびをしてみましょう。信頼している大人と向きあっていることで、赤ちゃんは安心してあそびを楽しむことができます。ただし、激しくゆらしたり、大きくゆらしたりしないこと。首がすわっていない赤ちゃんには行わないでください。

あそび方

向かいあわせにしてひざに乗せ、赤ちゃんの両脇をしっかり両手で支えながら軽く上下に動かします。「お馬さんパッカパッカ」など強弱をつけたり、左右のひざに交互に乗せたり、変化をつけてあそびます。

❗ 体を大きくゆらしすぎないようにしましょう。

ARRANGE

腕ブランコ♪

ひざ立ちになって外向きに抱っこします。赤ちゃんの頭を胸につけて、太ももを腕でしっかり支えながら左右にゆっくりゆらします。

CARE POINT

おんぶで寝るのは？

赤ちゃんはソフトな小刻みなゆれを好むそうです。抱っこやおんぶで眠ることが多いのも、この小刻みゆれが関係しているのかもしれませんね。

首がすわった
ころの日常を
もっと楽しく

オムツ替えのあとのスッキリ体操

スッキリ体操で幸せホルモンがアップ。運動機能の向上や心の安定にもつながります。無理に曲げたり広げたりしないように注意して！

おなか「の」の字

手のひらを赤ちゃんのおなかに乗せて、指先で「の」の字を書くように軽くさすります。普段から行っているとガスがたまりにくくなります。ただし満腹時は避けましょう。

お手てをバンザーイ

親指をにぎらせてから手や手首をやさしく包み込みます。赤ちゃんの両手を胸の前であわせてから、ゆっくり左右に開きます。無理をせずに少しずつ開いていき、慣れてきたら胸をしっかり開きます。

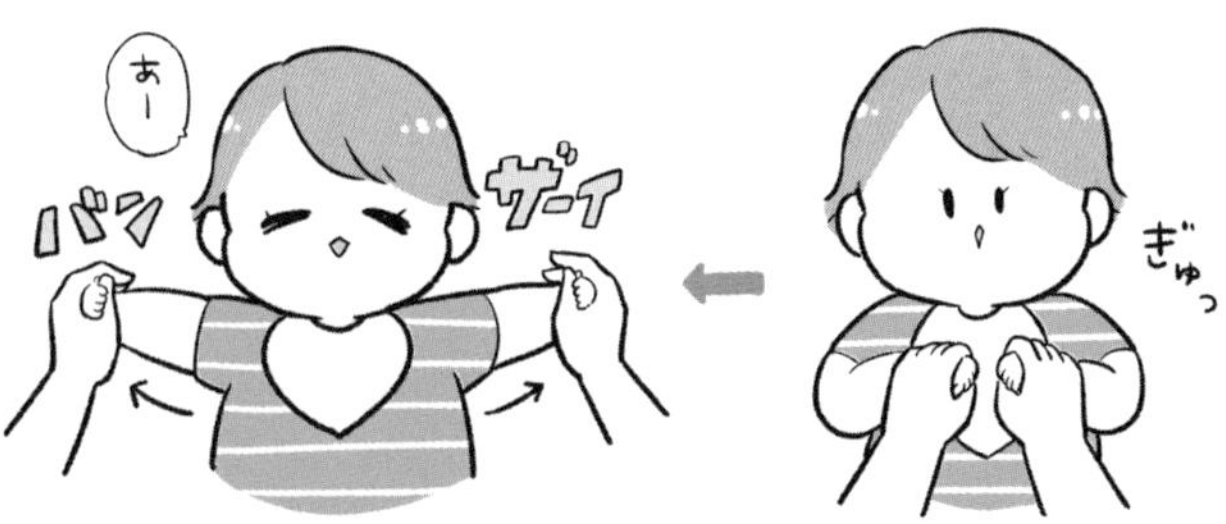

足のまげまげ

仰向けの赤ちゃんの足の裏に親指を添えて、足首をやさしくにぎります。足を軽く持ち上げて、足の裏をちょんとあわせます。

足の裏キック

うつ伏せにして足の裏に手を当て、両足を軽く前へ押し出します。力がついてくると、押し返すようになり、おなかにも力が入るので腸の動きもよくなります。

足裏マッサージ

足の裏にある健康促進のツボをやさしく刺激します。①指の付け根を持ち、軽くまわしてポンと離します。すべての指を１本ずつ行います。②かかとから指の付け根に向かって、親指の腹でマッサージします。

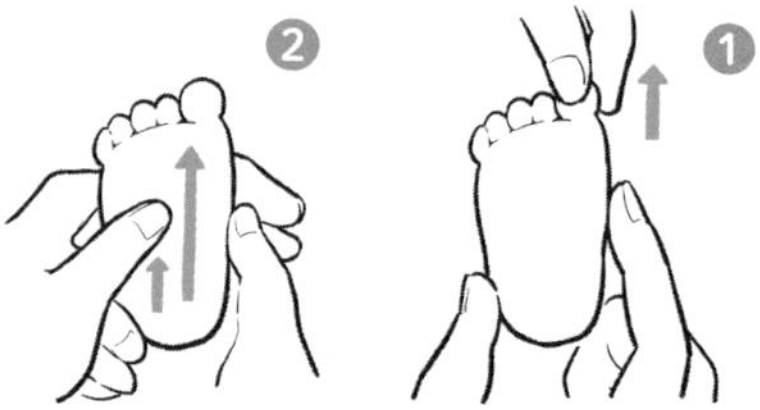

ねじねじ

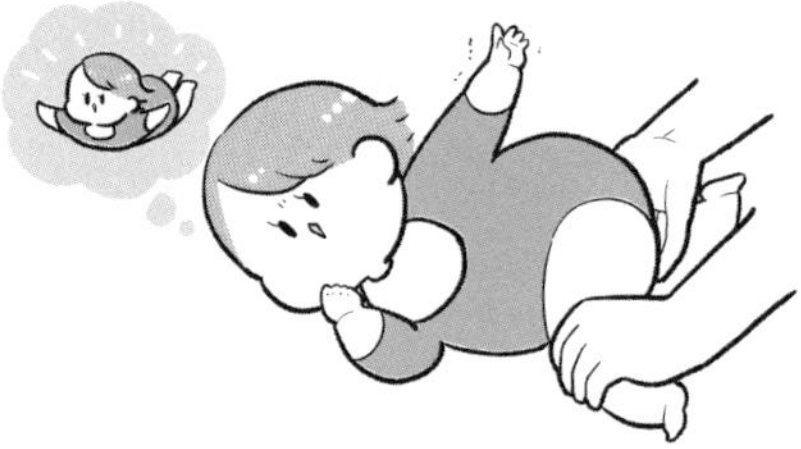

赤ちゃんが体をねじるような動きをはじめたら、仰向けに寝ている赤ちゃんの片足を、もう片足の上に交差させて、浮き上がったおしりを手をひらで支えます。ねがえりのサポートにもなる体操です。

ねがえり

のころ

首がすわり、腰の筋肉や神経が発達するといよいよねがえりの時期です。首が上がったり、ゴロゴロ転がる自力での移動手段も手に入れて、それまで天井だけだった世界が、正面も下も奥も手前も見られるようになり、興味の幅もグンと広がります。

はじめての移動で目指したものは……

おっとここでムスコ選手
上体をひねって…
プル
プル
テテーン
ねがえり
成功です！
ハァ～すごい！今までは天井を見るしかなかったムスコくんが自力で…
世界が広がったね！
コロ
コロ
コロ
コロ
シュッ
シュッ
連続ねがえりで移動もできちゃうのか
リ、リビング片づけなきゃ！
ドタ
バタ
ドタ
バタ

ASOBI 18

取って取って

同じ向きばかりはイヤ！
左右バランスよく置いてね♪
byベイビー

体　感覚　おうちで

あそびポイント

ほしいものに手を伸ばしそれを獲得することで、赤ちゃんは探究心や達成感を味わえます。体を伸ばしたりひねったり動かしたりしながら、なんとか手に取ろうとあそびを繰り返すことで、いつの間にかねがえり上手になっていることも……。離しすぎて取れない位置に置いてしまうと興味をなくしてしまうので、がんばれば届く位置に置くのがポイントです。

あそび方

仰向けに寝ている赤ちゃんの近くに、お気に入りのおもちゃを置いておきます。体を伸ばし、おもちゃが取れたら「すごいね」とほめてあげましょう。ちょっとずつ離して置いたら、赤ちゃんはどうするかな？

➡ CARE POINT

首はしっかりすわってる？

ここからのあそびは、首がしっかりすわってから行いましょう。首のすわりは、右の3つのポイントで確かめることができます。

うつ伏せで首が上がっている

縦抱きで頭が安定している

引き起こすと頭がついてくる

ASOBI 19

うつ伏せで届くかな？

うつ伏せで顔を上げるのは
つらいけど、視線の先に
大人がいると、安心するよ♡

とおい……
とおい……
とおすぎる……

体
感覚
おうちで

あそびポイント

腹ばいをイヤがらず、手や腕で上体が支えられて足が伸ばせるようになってきたら、うつ伏せあそびを取り入れてみましょう。うつ伏せあそびは、赤ちゃんの首や肩の筋肉の発達を促す効果もあり、なにより新しいことにチャレンジする楽しさがあります。ただし、必ず大人が見守っていること。頭が下がってきたら無理をさせず、仰向けに戻しましょう。

あそび方

うつ伏せの赤ちゃんの前に、お気に入りのおもちゃを置いてみます。手を伸ばして上手に取れたらほめてあげましょう。さらに手を伸ばせば届きそうな場所に置いて再チャレンジ！　さて結果は？

ARRANGE

足元におもちゃを置く

仰向けで寝ているとき、足元におもちゃを置いてみましょう。足で蹴っておもちゃが動くことがわかると、楽しくなって何回でも足を動かそうとします。蹴ると転がるものや音の出るものなど、動きがあるおもちゃがおすすめです。

CARE POINT

うつ伏せあそびの注意点

やわらかいふとんの上でうつ伏せあそびを行うと、窒息の危険があります。かためのベビーぶとんか毛布の上、または、畳の上などで行いましょう。最初は5～10分程度を目安に、慣れてきたら少しずつ時間を延ばしていきます。

ASOBI 20

ハンモックで ゆ〜らゆ〜ら

ハンモックあそびは
頭のほうを少しだけ
高くするのが◎。

ゆるやかに
やさ〜しく
ゆっくりね！
ゆーら
ゆ〜ら

心　感覚　おうちで

あそびポイント

ハンモックの心地よいゆれは、赤ちゃんがおかあさんのおなかの中で感じていたゆれに似ていることから、安心感を与えて心を落ち着かせる効果があると言われています。また、ハンモックでやさしくゆられることで、平衡感覚も磨かれます。いつもとは違うふわふわした浮遊感に、赤ちゃんもやみつきになるかも知れませんね。

あそび方

大人2人が協力してシーツなどの両端をしっかり持ち、赤ちゃんの様子を見ながら「ゆ〜らゆ〜ら」と声をかけて左右にやさしくゆらします。眠ってしまったらおしりから着地するようにそっとおろします。

激しくゆらさないこと。あくまでもリラックスのためのあそびとして楽しみましょう。

ARRANGE

シーツ動きま〜す♪

シーツに仰向けに寝かし、頭側の両端を持って、頭を高くしすぎないようにやさしく引っぱります。途中、「止まりま〜す」など声をかけ、楽しんでいるようなら、ゆっくりターンの動きも加えましょう。

ASOBI 21

しんぶんし演奏会

形が変わるのがおもしろい。
音がするのがおもしろい。
音を言葉にするのが
もっとおもしろい！

しんぶんしは
たべない！
こらこら
もぐ
おいしい

体　感覚　おうちで

あそびポイント

ねがえりができるころになると、名前を呼ぶと顔を向けたり、ふり向いたりするようになり、日常のいろいろな音に関心を持ちはじめます。新聞紙をやぶいたり、伸ばしたりしながら「ビリッ」「パンッ」と音を口に出して伝えてみましょう。ただし、赤ちゃんは突然の大きな音が苦手です。音を出すときは必ず赤ちゃんの正面で声をかけながら行ってください。

あそび方

イスやクッションなどを利用して赤ちゃんをすわらせ、正面で新聞紙をくしゃくしゃにしたり広げたり、やぶいたりします。このとき「グシャ」「パンッ」「ビリッ」と音を声で出すとより効果的です。赤ちゃんに新聞紙の端を持たせて、やぶく体験もさせてみましょう。

ARRANGE

まとめて丸めてボールにして

やぶいた紙は、大きな新聞紙でくるんでテープで留めればボールに変身します。「コロコロ」など声に出しながら、転がして楽しみます。

CARE POINT

誤飲に気をつけて

新聞紙を口に入れないよう、十分に注意をしながら行いましょう。やぶいた紙はきちんと始末してください。コピー用紙や薄い紙は指を切るのでNGです。

ASOBI 22

オノマトペがいっぱい♪

おもしろい音、ヘンな音、
楽しい音、不思議な音。
音をいっぱいイメージしよう！

心　感覚　おうちで

あそびポイント

「ぴょんぴょん」「ふわふわ」「チクチク」など動きやものの様子、情景や心の動きなどを直感的に表す言葉「オノマトペ」（擬音語、擬態語）。赤ちゃんは大人よりもいろいろな音が聞こえています。音といっても、聴力の問題ではなく、音の持つイメージを感覚的にキャッチするのが得意なのです。そんな赤ちゃんがよろこぶオノマトペが出てくる絵本をたくさん読んであげましょう。

あそび方

赤ちゃんをひざにすわらせて無理のない姿勢をとり、動物の鳴き声やおもしろい形や絵など、楽しい擬音語や擬態語がたくさん出てくる絵本を読んであげましょう。色がはっきりした絵本が赤ちゃんは大好きかも!?

ARRANGE

オノマトペ探し

身のまわりにもオノマトペで表現できるものはたくさんあります。ドアをノックして「トントン」、テーブルをさわって「つるつる」、イスを鳴らして「ガダガタ」、壁をさわって「ざらざら」。赤ちゃんといっしょにオノマトペを探しましょう。

ASOBI 23

手づくりガラガラでふりふり

ペットボトルは、軽くて
中が見えてにぎりやすいから
赤ちゃんのおもちゃにうってつけ！

体　感覚　おうちで

あそびポイント

おもしろそうなものを見つけたら、手を伸ばしてタッチ。やわらかいのか、かたいのか？　どのくらいの力で持てるのか？　つかんでふりまわし、持ち替えて口でチェック。目で見た視覚情報と、耳で聞いた聴覚情報、そして手でさわった感覚情報を脳の中で統合していきます。赤ちゃんが心に描いた「なんだろう?」の思いをたっぷり育ててあげましょう。

あそび方

小さなペットボトル（100ml）のラベルをはがし、きれいに洗ってカラフルなポンポンやビーズ、お米や音の出る鈴を入れれば手づくりガラガラの完成。赤ちゃんに持たせてふりふりさせます。

にぎる・つかむ力も
鍛えられるよ♡
ポンポン
ストロー
鈴

中身が出ないように、キャップをしっかり閉めてテープで固定しましょう。

➡ ARRANGE

手づくりスノードーム

上の手づくりガラガラに水と液体のりを7：3の割合で入れ、キャップをしっかりテープで固定したら完成。ゆっくり動かして見せてあげましょう。うつ伏せになって、転がしてあそぶこともできます。

コロ
コロ
キラ
キラ
キラキラ
だね～!!

おうちで実験してみよう 2

赤ちゃんの『記憶力』ってどのくらいなの？

＼ 実験の目的 ／

生後５～６カ月の赤ちゃんに、生まれてはじめてガラガラを渡しても、すぐにふってあそぶことはできません。でも、2度目からは渡すとふってあそびはじめます。これは、赤ちゃんに「学習」したことを「記憶」する能力があるということ。そこで、赤ちゃんの記憶する期間がどれくらいかを調べてみました。おうちでもやってみて！

実験対象月齢 生後３カ月以降。（ただし３～４カ月の赤ちゃんの場合は間を置く期間を３～４日にする）

用意するもの 風船、風船用ヘリウムガス、すべりやすい素材のリボン４mほど（常に同じ道具を使用すること）。

＼ 実験をはじめる前に ／

STEP 1

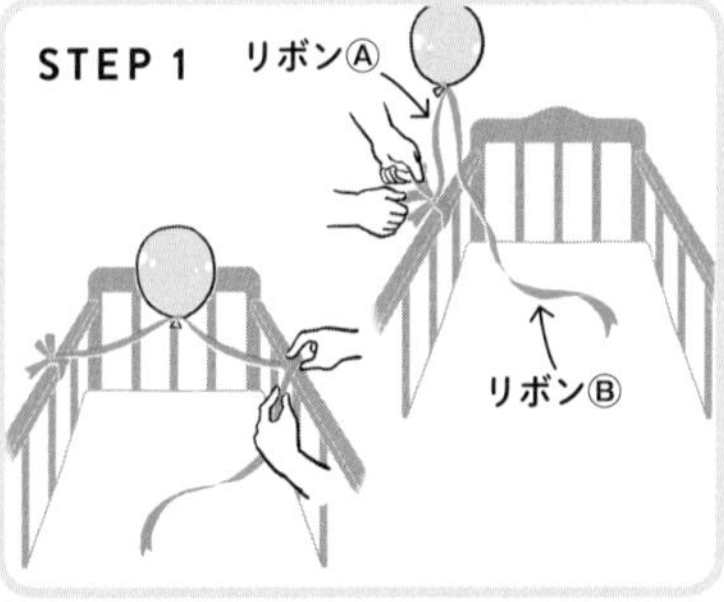

リボンをⒶ1m、Ⓑ2m、Ⓒ1mに切り分ける。ⒶⒷのリボンと風船を結びつけ、Ⓐのリボンの端をベビーベッドの柵に固定。Ⓑのリボンの端はベッドの柵に1回転させておく。

STEP 2

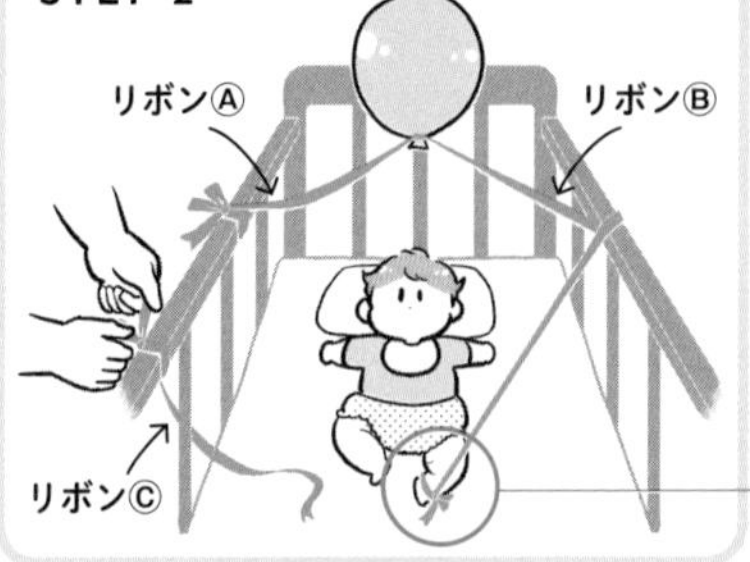

Ⓑのリボンは赤ちゃんの左足首に結ぶため、リボンが滑らかにすべるか、動かすと風船が動くかを確認しておく。赤ちゃんの右足首に巻くⒸのリボンは柵に結んでおく。

赤ちゃんの足首にリボン結ぶときは、きつく結ばないこと。

＼ 実験スタート ／

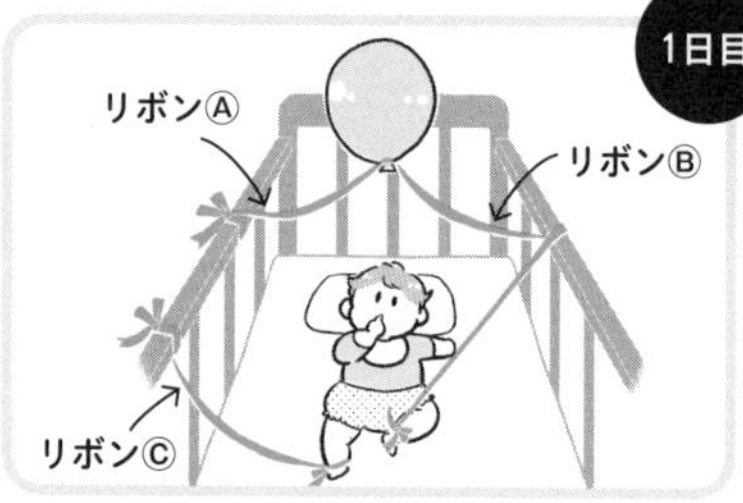

❶ 赤ちゃんをベッドに寝かせ、3分間赤ちゃんの動きを観察する。

❷ ⒷとⒸのリボンを赤ちゃんの足首に結び、赤ちゃんの足の動きを10分観察する。

❸ ⒷとⒸのリボンをほどき3分間観察する。

↓

1日目と同じように❶〜❸を繰り返す。

もし、赤ちゃんが「足を動かすと風船が動く」ということを記憶していたら、1日目よりも頻繁に風船とつながっている足を動かすはず。

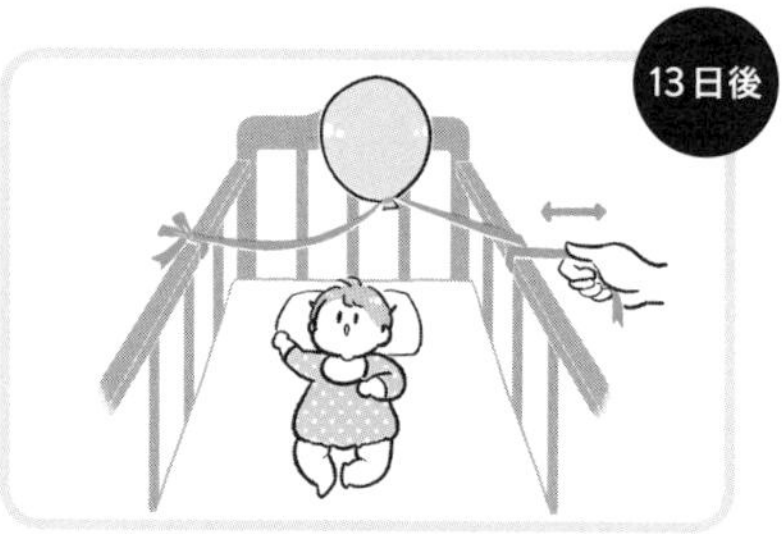

赤ちゃんの足首にリボンは結ばず、大人が手でⒷのリボンを操作し、3分ほどリボンを動かして赤ちゃんに見せる。

この動作は、赤ちゃんの「記憶」を呼び覚ますリマインダーの役割を果たす。

↓

1日目と同じように❶〜❸を繰り返し、1日目や2日目の動きを比べる。

実験の様子を動画に撮っておくと比較しやすくなります。

解説

生後6カ月の赤ちゃんでは、1日目よりも14日後のほうがより頻繁に足を動かしていました。つまり、風船の動かし方を2週間近くも記憶していたということがわかったのです。おうちで実験するときは、色、形、大きさが違う風船でもちゃんと足を動かすのかなどを観察してみるのも楽しいですね。

ASOBI 24

おひざの上でぴょんぴょん

足の裏を刺激して
立っち気分を
先取りしちゃおう♪

たのしい？
ホントに
たのしい？
ピョン
ピョン

体　感覚　おうちで

あそびポイント

ねがえりという移動手段を得た赤ちゃんは、自らなにかをしようとする能動的な動きが見られるようになってきます。かけているふとんを蹴とばすのも、蹴ることで、ふとんがめくれていくのが楽しいから。そのような動きを通して、ハイハイ、立っち、あんよのための土台づくりをしています。変化を楽しみたいアクティブ系の赤ちゃんには、全身を使ったあそびがおすすめです。

あそび方

両脇に手を入れて体を支え、大人の太ももに赤ちゃんを立たせて、足先を離さず軽く屈伸ジャンプ。最後に「ぴょんぴょんぴょ〜ん」と、声をかけて太ももから大きくジャンプさせて、高い視野を楽しみます。

➡ ARRANGE

月面着陸

立ちたい欲求をサポートするあそびです。おなかやふとん、ソファの上などに、体を支えた状態で赤ちゃんをやさしく着地させ、足先タッチで刺激します。移動は空を泳いでスイスイと！

ASOBI 25

あんよのハンカチ取れるかな？

つかんで取れるとうれしい。だから、つい繰り返しあそんじゃう♪

とれなくても
そこは
あいきょうで！
もぞ
もぞ
もぞ

体　感覚　おうちで

あそびポイント

仰向けになって自分の足をつかんでながめたり、自分の足指を口に入れるしぐさは、ねがえりやハイハイのころに多く見られます。これはP.63でも紹介したハンドリガードの足バージョン。たまたまそこにあった足を「なんだろう」と確かめ、自分の足だと認識するための行動です。自分の足をつかんだり、口に入れる様子があれば、このあそびにチャレンジしてみましょう。

あそび方

仰向けになって足を上げているときに、ガーゼのハンカチを足に乗せ、一度大人が足からハンカチを取ってみせます。再びハンカチを足に乗せて「取れるかな？」と促します。ハンカチが取れたら、「ひとりでつかんで取れたね」「すごいね」とほめて、なんども繰り返しましょう。

ARRANGE

ハンカチ取って！

今度は、大人の手や頭に乗せたハンカチを取ってもらいます。「取ってくれる？」と声をかけ、取ってくれたら笑顔で「ありがとう」とお礼を言います。

CARE POINT

左利きは矯正する？

左利きや右利きなど利き手ができるのは、脳のクセのようなもの。矯正しても脳のクセまで変えるのは難しいので、無理に直す必要はないのかも。

ASOBI 26

のんびりおさんぽしましょ♡

長時間や人混みは避けて
赤ちゃんとさんぽを楽しんで♪

心　感覚　お外で

あそびポイント

暖かく天気のいい日にはさんぽを楽しみましょう。目安は週2～3日。赤ちゃんも大人もリフレッシュできるはずです。外気にふれることで体温コントロールが身につき、ぐっすり眠る効果もあると言われています。さんぽに適した気温は20～25度ほど。春・秋なら10時～14時、夏なら8時30分～10時または17時すぎがおすすめ。紫外線対策や、夏の夕方なら虫対策も忘れずに！

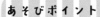

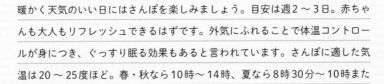

あそび方

遠くに行かなくても、家の周囲をゆっくり歩くだけでも赤ちゃんにとっては大きな冒険です。「ワンワンがいるよ」「赤いチューリップが咲いてるね」など話をしながら景色や気持ちよさを共有しましょう。

ARRANGE

五感を刺激して好奇心を育てる

暑い、寒い、川のせせらぎや鳥の声など、赤ちゃんはさんぽを通してたくさんの情報を受け取っています。のんびり歩いて、たっぷり感覚を刺激してあげましょう。

CARE POINT

機嫌が悪いときは無理をしない

さんぽはリフレッシュが目的です。赤ちゃんの機嫌や大人の体調がすぐれないときは「また今度ね」と、おおらかな気持ちでいましょう。

ねがえりのころの日常をもっと楽しく

大好き！

「いないいないばあ」バリエーション

「いないいないばあ」で笑うのは、短期的な記憶力が備わり「さっきはこうだった」「次はこうなるかも」と予測ができるようになったからです。

お手てで「ばあ」

赤ちゃんの正面で「〇〇ちゃん」と声をかけ、手で顔を隠して「いないいないばあ！」といって顔を出しニッコリ。「ばあ！」のときに、いろいろな変顔をしてみましょう。大人の表情によって、赤ちゃんの反応が違ってくるかも！

ハンカチで「ばあ」

ハンカチを持って、はじめに大人が「いないいないばあ」と何度か繰り返したら、今度は赤ちゃんにハンカチを持たせてみましょう。まねをしてくれるかな？

鏡で「ばあ」

抱っこして鏡の前に立ち「〇〇ちゃんがいるよ」と声をかけます。その後「いないいない」で隠れて、「ばあ」で鏡の前に現れます。鏡に映っているのが自分だと気づくのは1歳ごろですが、笑っている自分の姿が映ることで、少しずつ鏡の存在を理解していきます。

ぬいぐるみで「ばあ」

お気に入りのぬいぐるみやパペットを持って「いないいないばあ」。さて、赤ちゃんが気になるのはぬいぐるみ？　それとも、「いないいないばあ」と声を出している大人のほう？

ふとんで「ばあ」

ふとんでの「いないいないばあ」も大好きです。「出てくるぞ」と思っている赤ちゃんの予想を裏切り、「ばあ」までの間を長くしたり、短くしたり、アレンジしてみましょう。

カーテンで「ばあ」

おすわりができるころになると、カーテンが大活躍。自分からカーテンを動かして体を隠して「ばあ」。顔を出すことが楽しくて何度も繰り返し行います。

おすわり のころ

最初は手をつき背中を丸める「ぺちゃんこすわり」だった赤ちゃんも、１～２カ月もたてば背中の筋肉が強くなり、安定したおすわりができるようになります。両手が使えるようになるので、指先を使ったあそびにもトライしてみましょう。

赤ちゃん界の常識に学ぶ

うつ伏せ
からの〜
おすわり!
おお
おお!!!
ムスコくん おすわり上手に なったな〜
うん、最近熱心に自主練してるんだ しかし うつ伏せから すわるとは 意外だったな
すわる動作って 立った状態からが 当然と 思ってたけど
大人
赤ちゃん
赤ちゃん界には 立てなくても すわる方法があるんだ!
わかる! 赤ちゃん見てると なんか今までの 世界の見え方が いい意味で 揺さぶられる…
あ
てぃ
ぴ
俺も うつ伏せから すわってみるかぁ…
新しい世界が 見えるかも

ASOBI 27

大好き♡ティッシュあそび

引っぱると次々出てくる
ティッシュで楽しくあそべるなら
安いおもちゃかも！

にゅっ
えっ ひとつだけ⁉
むげんだから
おもしろいのに……

感覚　おうちで

あそびポイント

好奇心旺盛な赤ちゃんは、なんでもおもちゃにしてしまいます。この時期、特に興味を持つのがティッシュ。軽くて、簡単に形が変わって、引っぱれば出てくるのが魅力的なのでしょう（大人としては困りますが……）。かわりに布を入れても見向きもしないようです。口に入れて食べてしまうなどの危険がない限り、本物でたっぷりあそばせてあげましょう。

あそび方

ティッシュに興味を持ったら、まずは様子を見ます。口に入れるなどしたらきちんと注意をしましょう。箱からすべて出しおわったら、きれいにたたんで、今度は数枚だけを入れます。こうすれば繰り返しあそべますよ。

シュバ
バ
バ
バ
バ
バ
バ
だ、大丈夫
あれは
ムスメちゃん用の
ティッシュだから…
ほかのティッシュは
全力で守ろう…

CARE POINT

ティッシュの出しっ放しは×

大人がいないときは、赤ちゃんの手の届かないところに置いておきましょう。出したティッシュはきれいな袋などに入れておけば、掃除などで再利用できます。

ARRANGE

おもちゃ引き

引っぱりあそびが好きな赤ちゃんには、おもちゃにひもをつけた、おもちゃ引きを試してみましょう。最初は大人が手伝って引いてあげます。あそぶうちに引っぱる力が調節できるようになります。

いっしょに
引っぱってみよう
せーの…

ASOBI 28

楽しい音がいっぱいたくさん♪

たたくと音がする。
それも発見、
それもあそび！

シャン
シャン
シャン
ふったり
たたいたりが
スキ♡

感覚　おうちで

あそびポイント

この時期の赤ちゃんは、音楽にも反応を示しはじめます。好きな音が聞こえるとふり向いたり、テレビのコマーシャルや番組のテーマ曲の変り目にパッと顔を上げたり……。音に興味を持ちはじめたかな？　と思ったら、音あそびにトライ！　楽器を買い与えなくても、身近なものを活用すれば音あそびが楽しめます。愉快でおもしろい音にたくさんふれさせてあげましょう。

あそび方

歌にあわせて手をたたきリズムをきざみます。赤ちゃんがパチパチと手をたたいたら、ほめてあげましょう。自分でたたけないときは、手を持っていっしょにたたいてリズムをとります。歌は童謡など明るくて短い曲が◎。タンバリンやマラカスを持って演奏会を楽しむのもおすすめです。

ARRANGE

太鼓で音楽会

粉ミルクの缶や、ダンボール箱など、おうちにある危なくない空き箱を並べてポンポン音を鳴らします。必ず最初に大人が見本を見せてあげてください。ペットボトルをバチにしてたたくなど、アレンジしても楽しいですよ。

ASOBI 29

ボールコロコロ

丸くてやわらかなボールは、
弱い力でも簡単に転がるから
赤ちゃんのあそびにぴったり♪

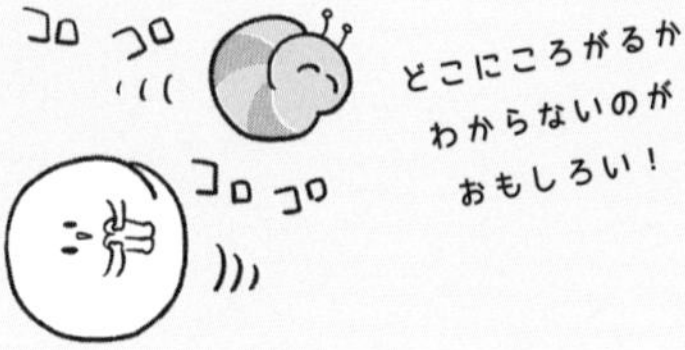
コロ コロ
コロ コロ
どこにころがるか
わからないのが
おもしろい！

体　感覚　おうちで

あそびポイント

少し大きなボールと、手に持てるくらいの小さなボールを渡してみましょう。ボールを両手で抱えて口で確かめたり、大小のボールを並べてみたり、にぎっては離し、転がったボールを体を伸ばして取ろうとしたり、投げてみたり……(もちろんちゃんとは投げられませんが)。与えられたあそびではなく、自分から生み出すあそびをはじめたら、やさしく見守ってあげましょう。

あそび方

大小のボールを用意して、まず大きなボールを転がします。しばらくして、小さなボールを転がします。どのボールが気に入るかは赤ちゃん次第。ボールでひとりあそびをはじめたら、あそびの様子を見守ります。

ARRANGE

ボールどこかな？

もう少し体が成長して、ハイハイがしっかりできるようになるころには、ボールあそびもずいぶんアクティブになります。「あそこにボールがあるよ？」と指をさすと、ちゃんとボールのところまで行ってあそぶ姿も見られるようになります。

ASOBI 30

ゴロゴロしてタッチ

動いたらおもちゃが取れた！
うれしかった。だからなんども
ゴロゴロをしてしまう！
by ベイビー

ひろければ
どこまでもすすむ
ゴロゴロと……

体　感覚　おうちで

あそびポイント

おすわりはできても移動はまだねがえり、という赤ちゃんは多いもの。ねがえり移動は赤ちゃんの「動きたい」という欲求の表れでもあります。「ねがえりで移動ばかりしていると、ほかの移動手段をしなくなるのでは？」などの心配は無用。赤ちゃんは成長とともにさまざまな動きを覚えていくので、この時期にできる移動手段で、大いにあそんであげましょう。

あそび方

段差のない安全な場所を確保して、赤ちゃんから少し離れたところに、お気に入りのおもちゃを置いておきます。最初は大人がゴロゴロしておもちゃにタッチ。赤ちゃんがまねをしてゴロゴロタッチしたら、反対側に置いて逆向きゴロゴロにもチャレンジしましょう。

❗ 打撲や、転落事故には十分気をつけましょう。

➡ ARRANGE

ヒコーキ飛べるかな？

ゴロゴロに飽きたら、アクティブな全身運動にトライ。仰向けになって足の上に赤ちゃんをうつ伏せに乗せ、体を持って飛行機のポーズ。頭を持ち上げ背筋を伸ばすポーズが、立つ姿勢づくりにつながるかも!? ちなみにこのあそび、大人にとってもアクティブです。

ASOBI 31

「たかいたかい」解禁！

バランス感覚が身につき
全身運動にもなって
なによりスリリング！

こわくない？
たのしんでる？

体　感覚　おうちで

あそびポイント

6カ月をすぎて、首がしっかりしてきたら、「たかいたかい」ができるようになります。ぐずっていた赤ちゃんもご機嫌になる「たかいたかい」。視点が変わったり、体がフワッと浮く感覚が楽しいからとも言われています。とはいえ、まだまだ赤ちゃんは脳も体も成長途中。激しい動きは禁物です。思いきり上げたりせず、ゆったりした動きで行ってください。

あそび方

最初は大人がしゃがんで赤ちゃんの両脇を支え、小さな「たかいたかい」をします。赤ちゃんが怖がらず、よろこんでいるようなら、両脇をしっかり支えて、ゆっくり頭の上まで持ち上げて、大きなたかいたかいをしてあげましょう。おろすときもゆっくりおろします。

ARRANGE

プチダイナミックあそび

ダイナミックな「たかいたかい」が苦手な赤ちゃんには、すわってひざに抱っこして上下に振動させ、電車ごっこをしたり、足を斜め下に伸ばし、体を支えてすべりおろしたり、少しゆるやかな動きにしてあそんであげましょう。

ASOBI 32

「ちょうだい」「どうぞ」「ありがとう」

コミュニケーションの楽しさやおもしろさを身につけてほしいな～♪

心　感覚　おうちで

あそびポイント

おすわりがしっかりしてくると、「あそこにおもちゃがあるよ」と、ほかの人と同じように物体や人物に対して注意が向けられる「共同注意」ができるようになってきます。これは、自分以外の人の気持ちや考え方を理解したり、言葉を話す能力の発達の土台となるものです。共同注意ができるようになったら「ちょうだい」「どうぞ」「ありがとう」のあそびをしてみましょう。

あそび方

おもちゃであそんでいるときに、「ちょうだい」と言って両手のひらを重ねて赤ちゃんにおねだりします。おもちゃをくれたら「ありがとう」とお礼を言いましょう。その後、「どうぞ」と返してあげてください。

ARRANGE

大好きなおやつくれるかな？

大好きなおやつを前にした赤ちゃんに、「ちょうだい」と言って、口を開けてみましょう。大好きなおやつをあげたくない気持ちと、口の中におやつを入れてみたい気持ち……。さて、どっちが勝つかな？

おすわりのころの日常をもっと楽しく

いっぱいまねっこできるかな？

すべてのものが初体験の赤ちゃんは、周囲の人の行動をまねることで新しいことを学んでいきます。たくさんまねっこさせましょう。

顔まねできるかな？

「ニコニコ」「ビックリ」「あかんべえ」など、声に出して、いろいろな顔の表情をつくります。

レロレロレロ

舌を上下、左右に動かしながら、「レロレロ」などおもしろい音を出してみましょう。

赤ちゃんのことばまねっこ

今度は大人が赤ちゃんのまねをしてみます。赤ちゃんが発する「だだだ」「れ～」「とぅとぅ」などの喃語《なんご》を、大人がまねをしてみましょう。自分の言葉をまねされることで、赤ちゃんは自分の声を認識するようになります。

くちびるブルブル

唇をつき出して、息を吐きながらブルブル振動させます。唇で「ぶぶぶぶ〜」と音を鳴らしながら、音楽に乗せたり、会話をしたりします。大人が楽しそうにすることで、赤ちゃんも、まねをしたくなるはずです。

こんにちは、ばいばい

人まねではなく、ぬいぐるみのまねにチャレンジ。ぬいぐるみやパペットを持って、「こんにちは」で頭を下げ、「ばいばい」で手をふります。

体の動きをプラスして

「上手」と手をたたいたり、「ばんざーい」と手をあげたり、「おつむてんてん」と頭をぽんぽんしたり。言葉といっしょに動きを加えてみましょう。

まねっこ力ってスゴイ！

しっかりとおすわりができるころになると、目で見た動作を再現するという模写力が発達してきます。「お口を開けて」と言ってもまだ理解できませんが、スプーンを口の前に持っていき、口を開けて「あーんして」というと、赤ちゃんはまねをして口を開けます。このように、赤ちゃんは大人の行動から言葉を理解していきます。言葉の理解につながるまねっこあそびを繰り返し行って、まねができたらたくさんほめてあげましょう。

ハイハイ
のころ

ハイハイという移動手段を得た赤ちゃんは、ますます行動範囲を広げていきます。遠くのものに興味を持つようになり、運動機能や探索意欲も高まって、目的の場所に行ってはものをつかんであそぶ、ひとりあそびができるようになります。

日々変化するハイハイ

ハッ ムスコくんついに!
ハイハイだ~!
ハイ…
まだちょっとおしりを引きずってるけど前進してる!
ハイ…
ハイ…
昨日まで飛行機してたのに
とくいげ~っ!!
子どもの成長って早い!
数週間後
なんか動きが洗練されてきた…!
ハイ
ハイ
ハイ
毎日一生懸命トレーニングしてるもんね!
その数週間後
ハァ
ハァ
ちょっ待っ…
ハイ
ハイ
ハイ
ハイ
成長はやすぎィ!

ASOBI 33

はじめての積み木であそぼう

打ちつけると音が鳴る
それがうれしくて……♪

コンコン
コンコン
あそびかたは
ひとつじゃない！

体　感覚　おうちで

あそびポイント

手指がさらに発達すると、ものをつかむことが上手になってきます。積み木を重ねてあそぶことはまだできませんが、積み木を手に取って口で確かめ、床に打ちつけたり、両手に持った積み木を打ちあわせたり、積まれた積み木を崩したりしてあそぶことができるようになります。打ち鳴らしたり、崩したりするのもあそびのひとつ。多少うるさいですが見守ってあげましょう。

あそび方

両手に積み木を持たせてみましょう。持った積み木をコンコンと打ちあわせてあそぶ姿が見られるかも！　両手で同じ動きをすることはとても難しいことなので、最初は大人が見本を見せてあげましょう。

ARRANGE

積み木をガッシャーン

積み木は積めませんが、積んだものを崩すことはできます。大人が積み上げたものをはしから崩す、それを何度も繰り返すことで、少しずつ自分で積み木を積もうとしはじめます。積み木崩しはその第一歩です。

ASOBI 34

ハイハイ まてまて

ときには、「まて〜」と追いつき
「つかまえた〜」と言って、
ギュッと抱きしめてあげて♪

まがおで
おいかけないで……
ちょっとこわい！
ドドドド
ドド

体　感覚　おうちで

あそびポイント

全身の筋肉が発達し、手と足が別々に動かせるようになればハイハイができると言われていますが、もうひとつ「奥行きをつかむ力」も必要になります。アメリカの発達心理学者ジェームズ・ギブソンによれば、多くの赤ちゃんは生後6カ月までに奥行きがわかるので、ハイハイで前に進めるのだそうです。ハイハイの形は発達の個性。この時期のハイハイをたっぷり堪能しましょう。

あそび方

ハイハイをしている赤ちゃんの後ろから、「まて〜」「つかまえちゃうぞ」と赤ちゃんのペースにあわせて追いかけます。追いかけられるのが楽しい赤ちゃんは、声がしなくなるとふり返って確かめます。そのときにまた、「まて〜」と追いかけます。

ARRANGE

ここまでおいで

赤ちゃんの好きなおもちゃを持って、少し離れたところから「ここまでおいで」と呼びかけます。おもちゃを赤ちゃんの目線よりも少し上に持つと、ハイハイの姿勢が安定します。

CARE POINT

ハイハイは千差万別

赤ちゃんのハイハイの形はじつにさまざま。それぞれの発達で獲得した個性豊かなハイハイが見られます。中にはハイハイをせずに、立っちする子もいます。

ASOBI 35

トンネルくぐれるかな？

くぐっているときに「気をつけてお通りください」などと声をかけても楽しい！

体　感覚　おうちで

あそびポイント

ハイハイは、手と足、右手と左手を交互に出して連動させる全身運動です。ハイハイをたくさんすることで、自分の体を思いどおりに動かすことが上手になってきます。ハイハイが安定してきたらトンネルあそびにチャレンジしてみましょう。トンネルという障害物にぶつからないようにくぐることで、人やものとの距離感が理解できるようになります。

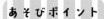

あそび方

はじめはいっしょにハイハイをします。途中で「トンネルで〜す」と、赤ちゃんに覆いかぶさるように体でアーチをつくります。何度もトンネルをくぐれるようになったら、低くしたり、「大変！ 崩れそうです」とゆらしたり、「崩れた」と抱きしめたりして、変化をつけてあそびます。

➡ ARRANGE

トンネルバリエーション

体を使っていろいろなトンネルをつくり、くぐってもらいましょう。高さも狭さも違うトンネルを、上手にくぐれるかな？

立っちトンネル

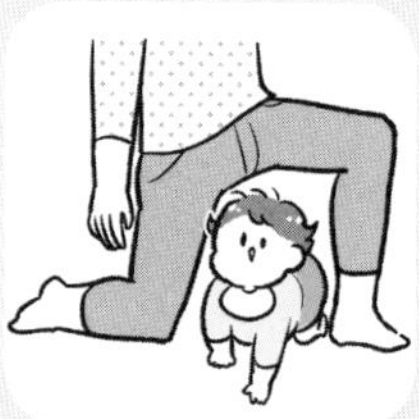
片ひざトンネル

両ひざトンネル

ASOBI 36

ダンボールドライブ

箱になったり、
くぐれたり――。
形が変わるから
たくさんあそべるね。

ドライブは
あんぜん
うんてんで！
ブッ
ブー！

体　感覚　おうちで

あそびポイント

ダンボール箱がひとつあると、いろいろなあそびに応用できます。箱を車に見立ててドライブを楽しんだり、トンネルにしてくぐってみたり、たたんで坂道をつくったり……。特に、箱の中に入って押してもらうドライブあそびは赤ちゃんに人気で、ハイハイの時期だけでなく、1歳になっても2歳になっても楽しめるあそびです（大人の負担は重くなりますが……）。

あそび方

丈夫なダンボール箱に赤ちゃんをすわらせて、大人が押して「ブッブー」とドライブ。赤ちゃんのよろこぶ速度であそびます。途中、ぬいぐるみを置いて「止まりま〜す」「クマさんが乗りま〜す」と乗車させても◎。

ダンボール箱に危険な金具がついていないかを確認してから行ってください。

ARRANGE

トネンルと坂道

ダンボールでつくったトンネルは床とは違う感触があって、よりあそびがリアルになります。さらに、たたんで台などに乗せれば、のぼりおりのアスレチックも楽しめます。運動量も一段とアップしますよ。

坂道に

トンネルに

ASOBI 37

ちぎって つまんで ポイ！

あそびのついでに
片づけてもらえる可能性も!?

ポイ
ポイ
ポイ
かたづけ？
ちらかし？

体　感覚　おうちで

あそびポイント

つまむ、引っぱるなどの動作が上手になってくると、つまんだものをポイッと放す動作も上手になってきます。じつは、「ものを放す」という動作は「つかむ・つまむ」よりも難しいのです。赤ちゃんがものをポイッと放ることが増えてきたら、叱らずに成長の証と見守ってあげましょう。放す力がコントロールできるようになれば、積み木だって上手に積めるようになります。

あそび方

不要なチラシや新聞紙をビリビリやぶいて、それをダンボールなどの箱や大きなゴミ袋にポイポイ入れていきましょう。紙をやぶる楽しさと、やぶったときの音を楽しみ、ポイした紙をつまんで入れるまでがあそびです。

CARE POINT

紙をやぶるあそび

紙をやぶるあそびは手首をひねる動きが必要で、２歳児でも難しいほど。やぶくのは大人がしてあげます。「ビリビリ～」と言葉に出してやぶくと◎。

ARRANGE

洗濯バサミあそび

洗濯バサミとかごを渡すと、入れたり、出したり、ひとりあそびをはじめることが……。夢中になってるときは見守り、最後はいっしょに片づけます。

ASOBI 38

どっちに入ってる？

正解か不正解かよりも、
不思議だなと思うことが
大事なんです♪

感覚　おうちで

あそびポイント

赤ちゃんは6カ月をすぎたころから短期的な記憶ができるようになってきます。それまでは、目の前のおもちゃを隠したら「なくなった」と感じていたものが、「今はないけれど、さっきまであった」「隠していてもそこにある」と、わかるようになります。「どっちに入ってる？」と聞いてみると、最初は注視でも、月齢が上がれば手を伸ばして答えてくれるはず。もちろん間違ってもご愛嬌です。

あそび方

手のひらに入るほどのやわらかいおもちゃを用意して、赤ちゃんの前で片方の手に隠します。「どっちに入っているかな？」というと、赤ちゃんは片方の手のひらを開こうとします。正解なら「あったね〜、すごいね」、不正解なら「ざんね〜ん、こっちでした〜」と明るく伝えます。

⇒ ARRANGE

なにが入っているのかな♪

フタのある箱や使わなくなった鍋などにおもちゃを入れて、「なにが入っているのかな〜」とワクワク感を高めます。フタを開けて「○○がいたよ〜」と言って取り出します。次に、取り出したものを「ないないするよ〜」とフタを閉めます。ものが見えなくなったり、現れたりするあそびで楽しみましょう。

おうちで実験してみよう 3

できるかな？「宝探しゲーム」にトライ

＼ 実験の目的 ／

目の前におもちゃがあり、大人がそれに布をかぶせて見えなくしてしまっても、おもちゃはまだそこにある（対象の永続性）。赤ちゃんがこの法則を理解しているかどうかの実験です。目の前で隠されたおもちゃを取ることができたら、それがわかっているということになります。

実験対象月齢　生後９～12カ月。（赤ちゃんの目の前にハンカチを置き、それを手で取れるならOK）

用意するもの　色と大きさが同じハンカチ（またはタオル）２枚。ハンカチやタオルで隠せる大きさのおもちゃ。

＼ 実験スタート ／

STEP 1

ハンカチを２枚並べてテーブルの上に置く。

STEP 2

赤ちゃんが見ている前で、どちらか1つにおもちゃを隠す。

STEP 3

「どっちにおもちゃがあるかな？」と赤ちゃんに声をかける。

STEP 4

赤ちゃんがハンカチを取り除き、隠されたおもちゃが取れたら、しっかりほめて、次のステップに移る。

STEP 5

赤ちゃんからおもちゃを受け取り「もう1回ね」と言って、今度はステップ2と別のハンカチの下におもちゃを隠す。

STEP 6

さて、赤ちゃんはどちらのハンカチから探そうとしたでしょうか？

解説

生後9カ月の赤ちゃんで実験した結果は、最初のステップ4では、みごと隠されたおもちゃをゲットしました。しかし、最後のステップ6では、ステップ4と同じハンカチから探しました。目の前で隠したところを見ていたにもかかわらず、なぜこのようなエラーを起こしたのか？　まだ、決定的な説明はできませんが、もしかしたら、この月齢の赤ちゃんには、ものが隠されてもそこに存在するという、大人と同じ概念がないのかもしれませんね。

つかまり立ち

のころ

ハイハイのスピードは増し、筋肉もついて、つかまり立ちからつたい歩きをする子もでてきます。イスや階段をのぼろうとしたり、なんでもさわるので目が離せなくなる時期です。危険行為には「ダメ！」と怖い顔できちんと叱りましょう。

ついに、つかまり立ちができたけど……

ASOBI 39

背中にのぼっちゃお♪

大人も休めて、赤ちゃんも楽しめるふれあいあそびです。

このおなかは
ふじさんかな？
よじ
よじ

心　体　感覚　おうちで

あそびポイント

この時期の赤ちゃんは、のぼりおりが大好き。ひざ立ちして手が届く高さがあれば、すぐにのぼろうとします。おりるときは後ろ向きになり、足が床につけばおりられますが、足がつかないと泣いてSOSを求めます。そこでおすすめなのが、このあそび。大人の体にふれているので安心感もあり、体を思う存分動かすことができるので、赤ちゃんにとってはレジャー級に楽しいあそびです。

あそび方

大人が床にすわったり横になっている姿は、赤ちゃんには魅力的な障害物。たくさん体にのぼらせてあげましょう。うつ伏せになったり、横向きになったりすれば高さも変えられます。

わあ～ パパの顔 とれちゃう よ～
ぎゅうぅ
よじ
よじ
よじ
よじ

足にのぼる

顔までのぼる!?

背中にのぼる

ARRANGE

マットのお山

マットを丸めて高さをつくります。のぼるのをためらっている赤ちゃんには、段差を低くして「ここまでのぼれる？」と声をかけて応援します。横に転がってケガをしないように、まわりもしっかり片づけておきましょう。

ASOBI 40

つたって歩いて鬼ごっこ

ケガや誤飲が多くなる時期。安全面には十分に気をつけて！

ただいま
つたいあるきちゅう

体　感覚　おうちで

あそびポイント

つかまり立ちに慣れてきた赤ちゃんは、ものにつかまりながら歩きはじめます。つたい歩きで足腰の筋力やバランス感覚を鍛えて、歩く準備をしているのです。つたい歩きが楽しそうなら、赤ちゃんが手をつける高さのテーブルなどを利用して、お気に入りのおもちゃと鬼ごっこを試してみてください。急がせず、赤ちゃんのペースで行いましょう。

あそび方

テーブルにつかまり立ちしているときに、「ここまでおいで〜」とおもちゃを動かして声をかけます。おもちゃであそびたい赤ちゃんは、つたい歩きで追いかけようとします。はじめは近くで、慣れてきたら少し離れたところで声かけしてみましょう。ただし無理はさせないように！

ムスメ
ちゃア〜ン
こっちこっち！
ススス…
ハァッ
ハァッ
ゆっくり、
あせらせない
テーブルの角には
ガードをつける
床やテーブルの上は
片づけておく

ARRANGE

ダンボール箱で押し歩き

背丈にあったダンボール箱を用意し、はじめは大人がいっしょに押して歩行の楽しさや重心移動の感覚を体験させます。箱が軽いと前に倒れてしまうので、箱にはおもちゃなどを入れておきます。

ムスメ号
ずり
ずり

CARE POINT

歩行器はいけないの？

歩行器を使うと、ハイハイで促される呼吸器や筋力が発達しなくなるからよくないという人がいます。でも歩行器を使うと空間把握能力が発達することがわかっています。あくまでもバランスの問題です。

ASOBI 41

音楽だ～い好き♡

いろんな音楽を聴かせれば
赤ちゃんの好みが
見えてくるかも！

おんがくは
ノリ♪

心
感覚
おうちで

あそびポイント

このころになると、音にあわせて体を動かしたり手をたたいたりと、音楽に反応を示す赤ちゃんが増えてきます。これは、音楽が心地よい音として赤ちゃんの感覚器官を刺激している証拠。いろいろな音楽を耳にすることで、音や歌詞の言葉への理解を深めようとしているのです。たくさんの音楽にふれさせてあげましょう。

あそび方

赤ちゃんが音にあわせてリズムをとっていたら、「上手だね」「楽しいね」と声をかけて、いっしょに手をたたいたり、体をゆらしたりしましょう。楽しい気持ちになって、音への興味がますます広がります。

ARRANGE

いっしょにダンス！

赤ちゃんがリズムにあわせて体を動かしていたら、いっしょにダンスをしてみましょう。かわいい動きが全身運動になります。手は高く上げすぎないように。

CARE POINT

テレビと赤ちゃん

テレビからの音楽や動画映像に反応を示す赤ちゃんは大勢います。これからの時代、テレビや動画は切り離せないアイテム。見せない選択より、適度につきあう選択のほうが現実的なのかも!?

ASOBI 42

テープはがしラリー

はがしたものをもらって
また貼りつける。
無限にあそべるね♪

テープのかずは
てきどに

体　感覚　おうちで

あそびポイント

親指と人差し指の２本を使って小さなものがつまめるようになってきたら、マスキングテープやシールなどを使って、つまむ、引っぱるなどのあそびを試してみましょう。テープやシールの端を折り曲げてつまみやすくしたり、粘着力を弱くしたりして、はがしやすくしてあげるのがポイントです。はがしたものを口に入れないように、十分に注意して行ってください。

あそび方

きれいに掃除をした床のあちらこちらにマスキングテープを貼って、テープはがしラリーを楽しみます。テープをひとつはがしたら受け取り、あっちにもあるよと指をさして床のテープをはがしていきます。

わ！きれいにはがせたね！
あっちにもあるよ！
テープの貼り方
折り返す
粘着面
ぺりぺり

ARRANGE 1

取れるかな〜？

高いところもはがせるかな？

床だけではなく家具、洋服など、ちょっと高めの位置にテープを貼れば、つかまり立ちやつたい歩きが促せます。

ARRANGE 2

カラーテープへヨーイドン

テープの色をカラフルにすると「赤いテープまでヨーイドン」など、ハイハイ競争の目印にも利用できて、色の名前も覚えられます。

ASOBI 43

お手玉入れであそぼう♪

お手玉って、投げてキャッチして
あそぶだけの道具じゃないんだね！

おおきさは
にぎりやすい
サイズで！

感覚　おうちで

あそびポイント

お手玉は昔のあそび、と思っていませんか？　じつはお手玉は、指先や視覚の刺激で感覚を鍛え、立体を理解する能力や数の把握能力など、赤ちゃんの持つさまざまな力を引き出すことができるすばらしいあそび道具なのです。にぎりやすく、放しやすく、重ねることもできて、当たっても痛くありません。はじめは中身を少なくしてあげるとよいでしょう。

あそび方

色の違うバケツを2個用意します。片方のバケツに複数のお手玉を入れておき、はじめは大人がひとつずつ別のバケツに移動させます。バケツからバケツへ入れるだけですが、夢中になると長時間やっている子も！

ARRANGE

お手玉タワー

お手玉を重ねるあそびです。上手に積めないときは大人が積み上げげて、崩してもらうだけでも楽しめます。

CARE POINT

お手玉の中身が出ないように！

お手玉を手づくりするときは、中の小豆は30〜40gほどにして、虫が発生しないように熱湯で何度か消毒・乾燥させてから入れます。中身が出ないようにしっかり縫いつけましょう。

ASOBI 44

まねっこではじめてのごっこあそび

受話器をヘンな位置に当てる
かわいい姿が見られるのも
この時期だけのお楽しみ♪

にている
かたちは
もりあがる

心　感覚　おうちで

あそびポイント

赤ちゃんは大人の日常をしっかり観察しています。教えていないのにどうしてできるの？ ということがあるのはそのためです。できることが増えてきたら「電話ごっこ」や「ティータイムごっこ」であそんでみましょう。アイテムを渡したとき、赤ちゃんはどんなしぐさをするでしょうか？　もちろん、まねっこができなくても大丈夫。言葉をかけながらあそびを続けましょう。

あそび方

携帯電話に見立てた空き箱を赤ちゃんに持たせて、「もしもし○○ちゃんですか？」と耳に当てながら話しかけます。戸惑うようなら「トゥルルル〜」など、いつも使っている着信音と同じ音をまねて「あ、電話だよ」と、耳に当ててあげます。楽しくゆっくりやりとりしましょう。

→ ARRANGE

ティータイムごっこ

おもちゃの食器を使っておままごとのまねっこをしてみましょう。「はいどうぞ」と器を渡して、いっしょに飲むまねをします。「おいしいね」「おかわりいかがですか」など、たくさん話しかけて優雅なティータイムごっこを楽しむのもおすすめです。

ASOBI 45

お着替え楽しいな♪

ズボンを電車に見立てたり
えり口からのぞいたり。
ちょっとの工夫で
お着替えがあそびに！

おきにいりの
ふくです♡
I ♥

心　感覚　おうちで

あそびポイント

着替えをイヤがる理由は、チクチクする、キツイなど服に要因がある場合や、眠い、まだなにかやりたいことがあるなどさまざま。イヤがっているときに無理に着替えをさせても、ますます不機嫌になるばかり。そんなときはお着替えをあそびにしてしまいましょう。お着替えタイムが大人とふれあえる楽しい時間になれば、自分から着替えをしてくれるようになるかも！

あそび方

着替える洋服のえり口から「じゃ〜ん」とのぞき込んで、赤ちゃんと目をあわせます。「スポーン」と首を入れ、首が出たら「ばあ〜」。そでに手を通すときは「しゅるる〜」と効果音をつけます。おわったら「上手にお着替えできたね」とほめてあげましょう。

➡ CARE POINT

立ったままでお着替え

つかまり立ちのころから急にオムツ替えをイヤがるケースがあります。その場合、もしかしたら、仰向けのオムツ替えがイヤなのかもしれません。パンツタイプに変えて、立ってオムツ替えをしたら、すんなり着替えさせてくれることもあります。試してみてください。

0歳から楽しめる

手あそびうた①

Finger play songs

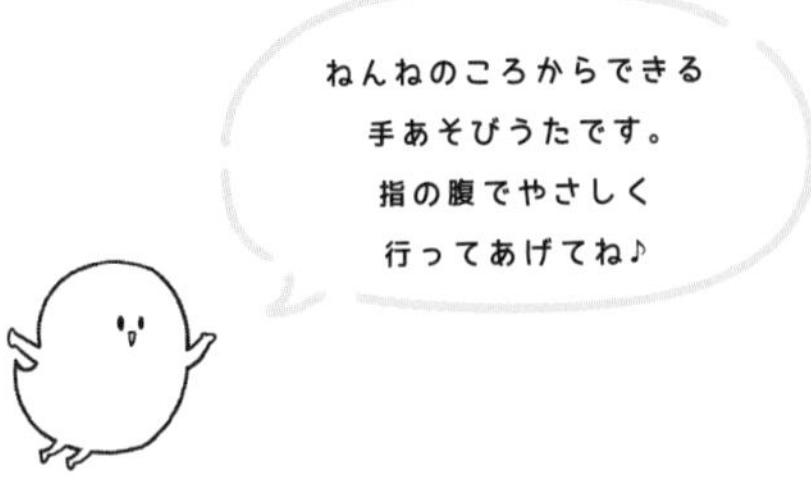
ねんねのころからできる
手あそびうたです。
指の腹でやさしく
行ってあげてね♪

あがり目さがり目

わらべうた
あ が り め さ が り め
ぐ る り と ま わ し て ね こ の め

1

あがり目

赤ちゃんと向かいあい、
赤ちゃんの目じりを
（人差し指で）上げる

2

さがり目

目じりを下げる

3

ぐるりとまわして

目じりをくるっとまわす

4

ねこの目

目じりを内側に寄せてから外側に広げる

いっぽん橋 こちょこちょ

繰り返しあそぶことで、赤ちゃんは「もう少しで、こちょこちょが来る」と予測しながら楽しめます。

わらべうた

いっぽんばし こちょこちょ たたいてすべって
つねって かいだんのぼって こちょこちょ

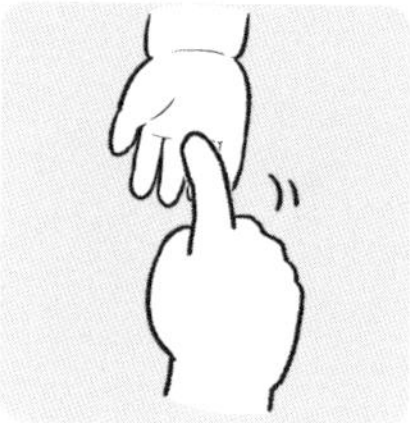

1

いっぽん橋

赤ちゃんの手のひらに人差し指で「1」を書く

2

こちょこちょ

手のひらを指でこちょこちょくすぐる

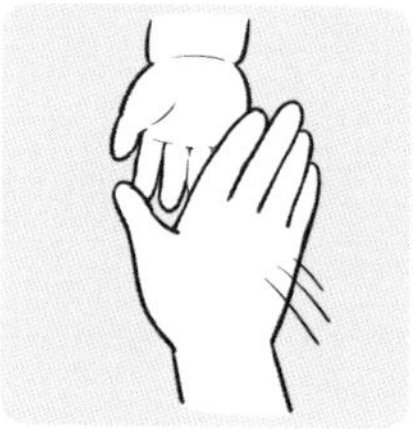

3

たたいて すべって

手のひらの上で指をやさしくたたいたり、すべらせたりする

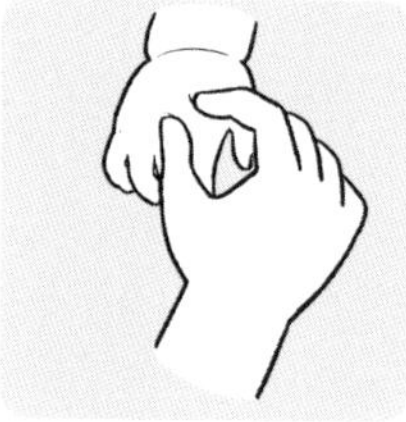

4

つねって

手の甲をやさしくつねる

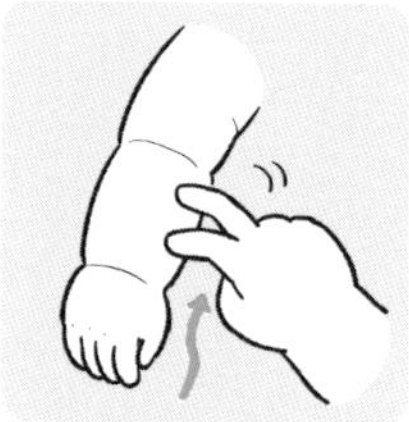

5

階段のぼって

２本の指を、手の甲から肩に向かってトコトコ歩かせる

6

こちょこちょ

脇の下やおなかなどをくすぐる

昔から歌われてきた手あそびうたです。
1歳近くになれば、まねをしながら
ひとりでできる子もいるかも！

むすんでひらいて

作詞：不明　作曲：ルソー

むすーんで ひらいーて てをーうって
むーすんで fine またひらいて てをうって
そのーてをうえに D.C.

おじぎの音楽

じゃ〜ん　じゃ〜ん　じゃ〜ん

歌いはじめとおわりに
「じゃ〜ん」「じゃ〜ん」「じゃ〜ん」
と音が聞こえると、ワクワクして
気持ちの切り替えができるの♡

ピアノで弾いても
口で言ってもOK

1
むすんで

グーで４回手をふる

2
ひらいて

パーで４回手をふる

3
手をうって

４回手をたたく

4
むすんで

グーで４回手をふる

5
またひらいて

パーで４回手をふる

6
手をうって

４回手をたたく

7
その手を上に

4回手をたたいてから
両手を頭上に上げる

最後の「その手を上に」のところを、
「下に」「横に」「前に」など
アレンジすると楽しいの♡

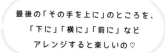

ちょちちょち あわわ

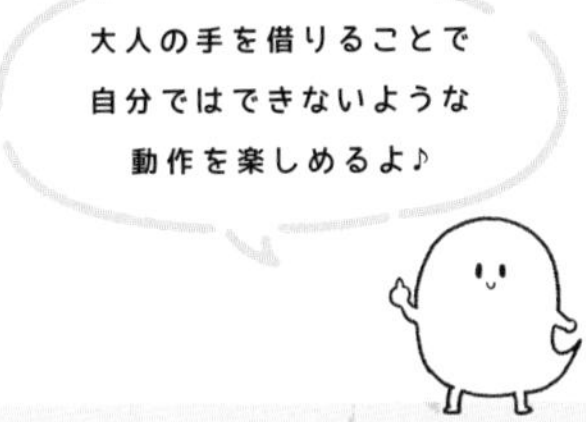
大人の手を借りることで
自分ではできないような
動作を楽しめるよ♪

わらべうた

ちょ ち ちょ ち あ わ わ かい ぐり かい ぐり とっ との め
おつ ー む てん てん ひ じ ぽん ぽん

1
ちょちちょち
赤ちゃんをひざに乗せ、後ろから赤ちゃんの両手を持って２回あわせる

2
あわわ
片手または両手を口に

3
かいぐり
かいぐり
両手を胸の前で上下にぐるぐるまわす

4
とっとの目
左手のひらを右手指でつつく（逆の手でもOK）

5
おつむ
てんてん
両手で頭を軽くたたく

6
ひじ
ぽんぽん
片方の手で、もう一方のひじを、ぽんぽんとたたく

CHAPTER 2

立っち

あんよ

のころのあそび

立っち のころ

もうすぐあんよの兆し。早く歩いてほしいと願うのは親心ですが、成長は人それぞれ。歩くための準備は、日常の中で赤ちゃん自身が黙々と行っています。大人はその行動を見守りつつ、楽しいあそびで成長をサポートしてあげましょう。

ハイハイが見納めになる!?

ムスコくんが
立ったー！
プル
プル
プル
おめでとうムスコくん！
かっこいい〜！
ぽいん
生まれたころは「立つ気なんて全然ありませ〜ん」って感じのふにゃふにゃ足だったのにね…
ね〜歩くのもきっとすぐだよね
しみじみ…
ハッ
ということは！
ハイハイももうすぐ見納めになるのか〜
わ〜〜ん全力で楽しまなきゃ！
ハイ
ハイ
ハイ
ハイ
パシャ
パシャ

ASOBI 1

あんよ上手 いっちに いっちに♪

歩きたい。その気持ちがあんよにつながる！

体　感覚　おうちで

あそびポイント

全身、特に足腰の筋肉や体のバランス感覚が整ってくると、どこにもつかまらずに立っちができるようになります。とはいえ、立っちからいつ歩きだすかは赤ちゃん次第。歩くための練習は必要ありませんが、歩きたがっているようであれば、“あんよ体験”ができるあそびを取り入れてみてもよいでしょう。あんよの楽しさに気づいて、赤ちゃんはやみつきになるかもしれません。

あそび方

赤ちゃんの足を大人の足の甲に乗せ、脇の下や腕を軽く持って「あんよは上手♪」「いっちに、いっちに」などと声をかけながらふれあいあそびをします。慣れてきたら赤ちゃんを床に立たせて、同様に脇の下や腕を軽く支えてみましょう。さて、歩きたいと自ら足を前に出すかな？

慣れてきたら
足の甲からおろして……
いっちに
いっちに
腕は上に
あげない
足の甲に
乗せる
ちょん
ちょん

ARRANGE

こっちだよ！
カッ
プル
プル

こっちだよ♪

立っちしているときに、「こっちだよ」と呼んでみましょう。もしかしたら、はじめての1歩が見られるかも！

CARE POINT

あそびの一環で

大人が支えていても、すぐに何歩も歩けるわけではありません。あくまでも、あそびのひとつとして、あせらずに楽しみましょう。

ASOBI 2

体をたくさん動かそう

体を動かすって楽しい♪
そう感じてもらえたら
それだけで大成功！

体　感覚　おうちで

あそびポイント

近年、乳幼児の体力・運動能力は低下傾向にあります。0～2歳の体を使ったあそびは、筋力、瞬発力、持久力などの運動能力をつけることはもちろん、脳や心肺機能、骨を鍛えたり、集中力や病気の抵抗力を高めたりと、今後の成長の土台ともなります。体を動かすのが好きな子は、シーソーあそびや、ずるずる引っぱって移動など、少しアクティブなあそびに挑戦してみてもよいでしょう。

あそび方

腹ばいの状態で手を引っぱって床を移動させたり、親指をにぎらせてそのまま手首を持ってつり上げたりしてみます。両手を持って向きあい「ぎったんばっこん」とシーソーあそびを楽しみましょう。

➡ ARRANGE

赤ちゃんスクワット!?

手をつないで「しゃがんで〜立っち」を繰り返します。スムーズにしゃがむことができれば、立っちのときにバランを崩しても安心です。

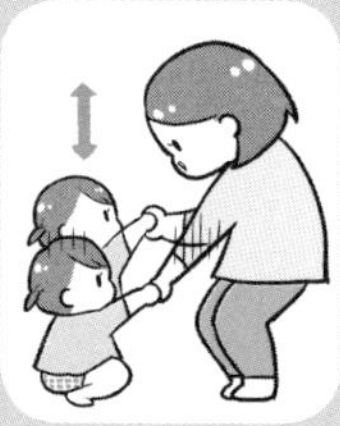

➡ CARE POINT

ダイナミックさはほどほどに

慣れてくると、強く腕を引いたり、持ち上げたり、あそびがだんだんダイナミックになってきます。ケガや事故には、くれぐれも気をつけて。

ASOBI 3

絵本でいっぱいおしゃべり

絵本はふれあいのツール。
正しく読むより
楽しく読むことが大切です！

そんなところに
いたの？

心
感覚
おうちで

あそびポイント

少しずつ言葉への理解も進み、興味があるものを指でさすことができるようになってきたら、ぜひ積極的に絵本の読み聞かせをしてあげてください。ひざの上に子どもを乗せて、絵を指さしながら「クマさんが泣いてるよ。悲しいのかな？」などと話しかけるだけでもOK。絵本はあくまであそびのツール。赤ちゃんと大人が楽しめれば、どんな使い方をしてもいいのです。

あそび方

ひざの上に赤ちゃんを乗せて、絵を指差しながら「バナナはどれかな？」「“もいもい”だって、おもしろいね～」など、同じ絵本を見ながらお話をします。また、絵本を読むだけでなく、絵本に出てきた動物の鳴き声や動きをまねっこするのもおすすめです。

CARE POINT

大人の好む絵本と赤ちゃんが好む絵本は違う!?

開先生によれば、赤ちゃんが好む絵本は、必ずしも大人が好むものとは限らないといいます。赤ちゃんが好む繰り返し音と、声に出しやすい「まみむめも」の音から「もいもい」の言葉を選び、その言葉にあった絵を注視実験で赤ちゃんに選んでもらったところ、大人が好む絵と赤ちゃんが好む絵に違いがあったそうです。たくさん絵本を読んで、赤ちゃんが好む絵本を見つけてあげましょう。

赤ちゃんが泣きやむと話題の絵本『もいもい』。好きな絵本は繰り返し読んでもらいたがります。開先生監修。

ASOBI 4

ポットン落とし

穴に落としたら「ポットン」と
音がするのがおもしろくて
なんども確かめたくなるね♪

ぼくのことは
おとさないで！

体　感覚　おうちで

あそびポイント

落とすことに興味を持ったら、身近なものを使って、落とすあそびをたっぷり体験させてあげましょう。指でつまんだものを穴に入れるだけのあそびですが、手を離すとものが落ちるおもしろさと、落ちたときに「ポットン」と音がすることが楽しくて、夢中であそぶ子も多いようです。集中してあそんでいるときは、声をかけずにそっと見守りましょう。

あそび方

丸い穴に四角いものを入れてもOK、好きなようにあそばせましょう。たくさんあそんだら、落とすものの色と穴の色を揃えて、「ここには赤色を落としてみようか」など促してみてもよいでしょう。

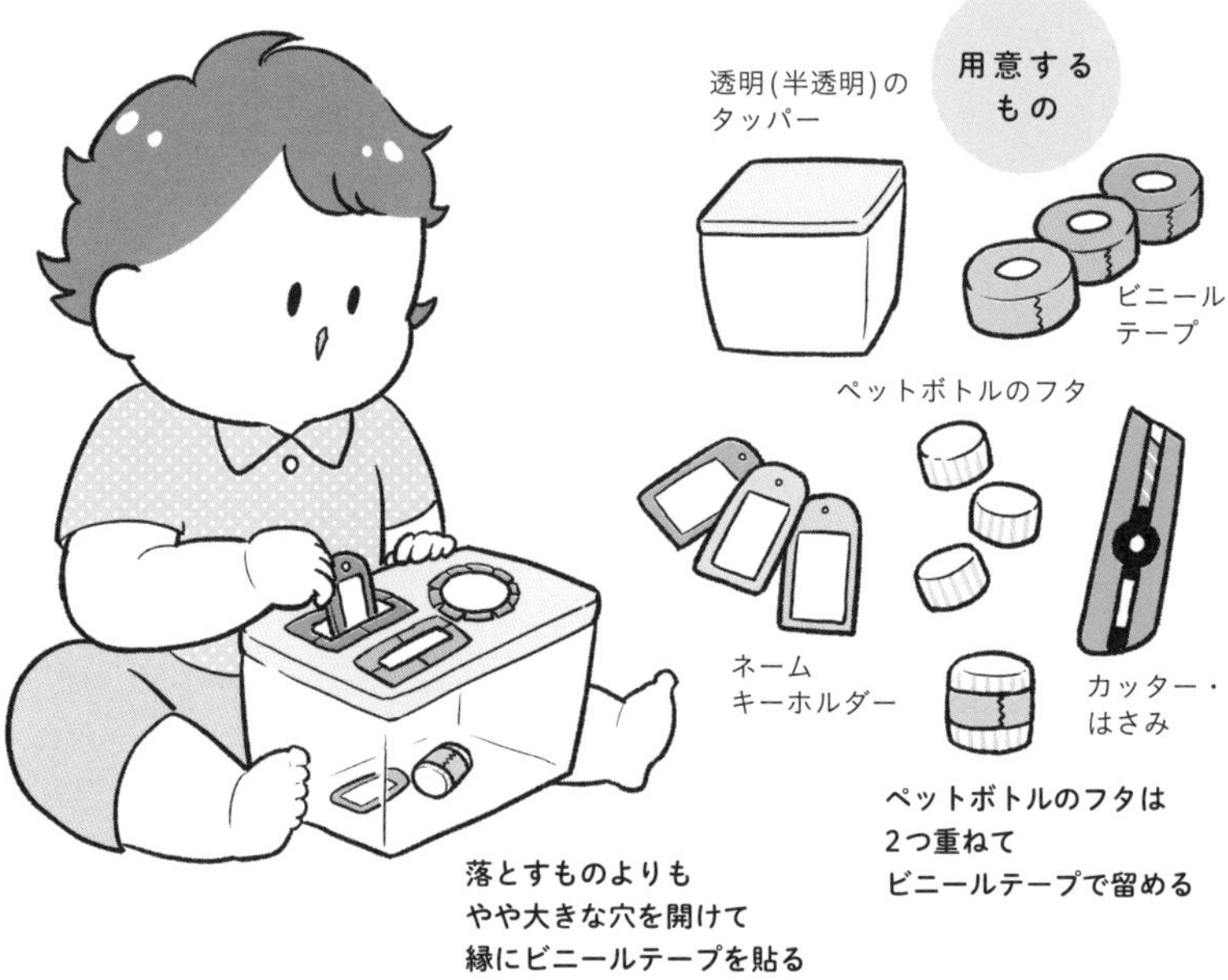
用意するもの
透明(半透明)のタッパー
ビニールテープ
ペットボトルのフタ
ネームキーホルダー
カッター・はさみ
ペットボトルのフタは2つ重ねてビニールテープで留める
落とすものよりもやや大きな穴を開けて縁にビニールテープを貼る

→ ARRANGE

ストロー落とし

穴を細くしてストロー落としにチャレンジ。筒型タッパーの容器のフタに、ストローが入るほどの穴を開け、ストローを短くカットします。はじめは大人がお手本を見せてあげましょう。ストローを口にくわえて歩きださないよう注意して！

※ここで紹介した材料はすべて100円ショップで購入できます。

おうちで実験してみよう 4

1歳の「ものまね力」ちゃんと学習できるかな？

\ 実験の目的 /

赤ちゃんにとって「ものまね」は生きるための大事な能力。まねることで道具の使い方や問題解決の方法を学び、コミュニケーションのとり方を覚えていきます。そこで、1歳をすぎたら模倣学習の実験を、おうちで試してみましょう。ポイントは、「正しい操作方法を知っていながら、普通ではない操作方法を見せたらどんな反応をするか」です。P.88の風船を使った実験では、多少赤ちゃんの機嫌に左右されるところがありましたが、この方法なら機嫌に左右されずに実験ができます。

実験対象年齢	生後13カ月～24カ月。
用意するもの	タッチライト

\ 実験スタート /

STEP 1

1日目

対面してすわり、テーブルにタッチライトを置く。

↓

STEP 2

大人が頭でタッチライトをつける。

STEP 3

「あっ、ちゃんとついたね」と語りかける。

↓

STEP 4

「じゃあ、ないないしようね」と言って、タッチライトを箱にしまう。

2日目

STEP 5

1日目と同じように対面してすわり、「はいどうぞ」とタッチライトを子どもの前に置く。

↓

STEP 6

さて、まねをして頭でライトをつけるでしょうか？

解説

もし頭でつけたとしたら、1日経過しても行動を記憶していたことになります。おうちで実験する際は、いつも使っているおもちゃを普通ではないやり方で操作してみましょう。ちなみにこの実験の応用編として、大人が手に布を巻き、手が使えない状態で頭でライトをつけたところ、赤ちゃんは手でライトをつけたという報告があります。「手が使えないから頭を使った」と判断したのかもしれません。そう考えると、手が使えるのに頭を使った姿を見て、「これは特別な理由があるのかも」とワクワクしていたかもしれませんね。

よちよちあんよ のころ

いよいよあんよの時期。もう脱・赤ちゃんです。行動範囲も広がって、ひとりあそびができるようになります。自分でできる楽しさやおもしろさを積み重ねることで、たくさんのことを吸収し、新しい動きや感覚を獲得していきます。

運ばれてくるのは愛とゴミ!?

おお…!
ス…ッ
おめでとう!
ついに二足歩行!
よち…
よち…
両手が空くからものを持って移動ができるようになったね
たしかに!革命だ!
よち…
よち…
アイ
絵本
アイ
ぬいぐるみ
ア〜〜〜イ
ガムテープの切れはし(ゴミ…)
覚えたてのよちよちあんよでいろんなものを運んできてくれる
あまりにもかわいい
よち
よち
よち
こんもり…

ASOBI 5

ファーストシューズでおさんぽ

もっといっぱい歩きたい！
あそびを通して
そう思ってくれたらいいな～♡

よち
くっくをはいて
いざ、おさんぽへ
よち

心　体　感覚　お外で

あそびポイント

はじめての１歩、そして両手を広げて足を大きく開いてよちよち歩く愛らしい姿は、生涯忘れられないことでしょう。反面、不安定な歩きに目が離せないのも事実です。でも、よろけたり、おしりをついたり、倒れたりすることで、子どもは上手に歩くコツをつかんでいきます。３～４歩しっかり歩けるようになったら、ぜひファーストシューズを履いておさんぽにでかけましょう。

あそび方

土の上、芝生、砂場、コンクリート……。おうちの床とは違った感触にふれさせてあげましょう。長く歩いたり、手を引いて歩いたりするのはまだ難しいので、目的地までは抱っこやベビーカーで移動しましょう。

ムスコく〜ん
おいでおいで！
よち
よち
よち
芝生・土
坂道
砂の上

CARE POINT 1

ふれあうことが大事

子どもが疲れたときは、無理をさせずに抱っこしてあげましょう。ブランコに乗っていっしょに風を感じるなど、外ならではの刺激を楽しんでください。

ゆら〜
ゆら〜

CARE POINT 2

はじめての靴選び

歩きはじめの子どもの足は、半分以上が軟骨でまだ不完全です。ファーストシューズは、そんなやわらかい足をしっかり守ってくれる子どものサイズにあった靴を選びましょう。かかと部分はかたく、つま先部分はきつすぎず、靴底が安定していて甲にフィットしたものがおすすめです。

ASOBI 6

パシャパシャ水あそび

水あそびが好きになったら
お風呂タイムが
と〜ってもらくになるかも！

みずがすきな
ムシもいます！

感覚　お外で

あそびポイント

暑い季節が来たら、水あそびを楽しみましょう。ベランダや庭にビニールプールやベビーバスを用意して、ピチャピチャ、パシャパシャ。手ですくうことができて、器に入れれば形が変わり、たたけば音がして水しぶきが上がる。あそびを通して水の不思議さやおもしろさを、たくさん体験させてあげましょう。水に慣れることで、あそびや発想のバリエーションがグンと広がります。

あそび方

はじめはパシャパシャしたり、水をかけたりして楽しみます。慣れてきたらペットボトルやバケツ、コップなどを用意してみましょう。子どもはあそびの天才です。すくう、たたくなど独自のあそびへと発展します。

マヨネーズの容器に
穴を開ければ
シャワーに早変わり
シャ〜ッ
パシャ
パシャ

❗ 水あそびのときは、目を離さないように！

ARRANGE

スポンジや保存袋も大活躍

水あそびの道具で意外に人気なのがスポンジです。水を吸い込ませると大きくなり、にぎれば水が出てくるスポンジは、不思議のかたまりなのかもしれません。ほかにも、保存袋に水を閉じ込めてその感触を楽しんだり、絵の具や花や葉っぱの汁で色水をつくってジュース屋さんごっこをしたり、思い思いに楽しんでみましょう。

ぎゅっ
じゃば〜
???

※ジュース屋さんごっこの水は飲まないように気をつけましょう。

ASOBI 7

自然さんこんにちは！

夢中になっているときは
ブレーキをかけない。
助けを求めてきたら
しっかりサポートね♡

あそびポイント

自然は刺激の宝庫です。落ち葉の上を歩くとカサカサと音がしたり、風で葉っぱが動いたり、かたい木の実を見つけたり……。そんなことが不思議で楽しくて仕方がありません。最初は限られたあそびしかできませんが、徐々にあそび方にも変化が生まれ、子どもからなにかをしようとすることが増えてきます。危険がない限り見守り、存分にやらせてあげましょう。

あそび方

公園などの安全な場所で、自由にあそばせてみます。夢中で葉っぱを拾い集めて、それを見せたくて大人を呼びに来たりするかもしれません。そのときは、「すごいね。たくさん集めたね」とよろこんであげて！

外出時にはビニール袋を持って行くと、葉っぱや木の実、石や虫など拾い集めてきたときに即対応できます。

CARE POINT 1

発見があるから進まない!?

途中でアリの行列を見て動かなくなったり、逆に興味が次々に移ってふりまわされたり、5分ほどの距離なのに30分もかかった、なんてことも増えてきます。「早く」や「急いで」の言葉を少なくするために、できる限り時間に余裕を持って行動するよう心がけましょう。

CARE POINT 2

外あそびでの気配りごと

外あそびで寒さや暑さを肌で感じることは、成長にとってとても大切なことです。ただし、体温調節機能がまだ未熟なので、紫外線や熱中症対策はもちろん、防寒対策にもしっかり気を配ってあげてください。

ASOBI 8

バランス上手！

ふれあいながら
バランス力が
身についちゃうね♡

おうまさんも
たいへんです……
byおばけ

体　感覚　おうちで

あそびポイント

まっすぐに立つ、体を元の位置に戻す、転ばないように体を保つ――。これらの体の反射的コントロールは、バランス能力によって行われています。歩けるようになったとはいえ、まだまだ不安定さのあるこの時期だからこそ、転ぶ、ぶつかるなどの危険をとっさに回避できるように、バランス運動を意識したあそびを取り入れてみるとよいでしょう。

あそび方

四つんばいになり背中に子どもを乗せて体や服をつかませて、馬のようにパッカパッカと部屋中を動きます。はじめはゆっくりと、徐々にスピードを速め、「ヒヒーン」と上体を少し起こしたりして変化を加えます。

ARRANGE

クッション飛び石

あんよがしっかりしてきたら、クッションあそびにトライ。クッションを川の中の石に見立てて、「落ちたらワニに食べられちゃうぞ〜」というだけでドキドキが生まれ、楽しさは倍増。バランスを崩して落ちてしまったら、大人がワニになり「食べちゃうぞ〜」と抱きしめて、あむあむと食べるまねをします。

ASOBI 9

クルクルねじねじ

小さいものがつまめるようになったらまわす、ひねるあそびを！

くるくる
ねじ
ねじ
ねじるって
からだに
いいの♡

体　感覚　おうちで

あそびポイント

最近は生活が便利になり、タイマーをまわす、蛇口をひねるなど、日常の中で手首をひねる動作が減ってきています。ねじる、ひねるの動きは、脳の発達にもよい影響を及ぼし、手指を使う力を高めて、お箸や鉛筆を持つときにも必要となります。フタの開け閉めに興味を持ったら、使いおわった化粧品のボトルなどのフタつき容器を、ぜひ用意してあげましょう。

あそび方

片手で容器を持ち、もう片方でキャップをつまんでクルクル。難易度の高い動作なので、最初に大人がお手本を見せてあげます。コツをつかむまでは、フタを少しゆるめにしておくとよいでしょう。

ARRANGE

ファスナーの開け閉め

ポーチやバッグについているファスナーやマジックテープの開け閉めも、指先や手首を使う動作です。また、まわして開けるタイプのドアノブも、機会があったら開け閉めさせましょう。

CARE POINT

まだまだ誤飲に気をつけて

ペットボトルのフタは誤飲の可能性があるので注意してください。3歳ごろまでは、直径4cm未満のものは手の届くところに置かないようにしましょう。

ASOBI 10

ちゃんと持ってこられるかな？

言葉はキャッチボール
話したい相手がいるから
覚えられるんです♡

もってきても
もってこなくても
かわいい……

心　体　感覚　おうちで

あそびポイント

1歳半くらいになると「ワンワン」など、意味のある言葉を話すケースが多くなります。言葉を話さなくても、言われたことを理解できるようになってきます。これは、これまでの生活の中でいろいろなものを見て、聞いて、吸収してきた結果です。言葉はひとりでは覚えられません。もっともっとおしゃべりをして、言葉への興味をふくらませてあげましょう。

あそび方

「あの車のおもちゃを持ってきてくれる？」と少し遠くのものを指でさします。持ってきてくれたらたくさんほめて、間違えたら「ブブ～（×）、これはバナナです。こっちが車でした～」と楽しく教えてあげましょう。

➡ CARE POINT

双方向のコミュニケーションを大切に！

２歳の子が、おかあさんに画面越しでおもちゃのあそび方を教えてもらうというシチュエーションで、音声と画面が同時に届いた場合と、画像よりも1秒遅れて音声が届いた場合の違いを調べた開先生の実験があります。結果は、画像と音が同時に届いたときはあそび方を理解できたのに、音声が1秒ずれたときは理解ができなかったそうです。コミュニケーションは双方向のものなので、すぐに反応が返ってこないと伝わりにくくなってしまうようです。コミュニケーションって本当に難しいですね。

よちよち
あんよの
ころの日常を
もっと楽しく

お風呂でも たくさんあそぼう

毎日入るものだから、お風呂が好きになってもらいたい。だったら、お風呂タイムを子どもとのコミュニケーションの時間にしてしまいましょう。

手の水でっぽうで あそぶ

組んだ手の間からお湯を飛ばす水でっぽうは、お風呂あそびの定番です。両手をあわせて手のひらを押しつぶすように力を入れると、お湯が勢いよく飛び出します。顔にかけたり、遠くに飛ばしたりしてあそびましょう。水でっぽうができないときは、お湯をパシャパシャかけあうだけでも楽しいですよ。

お話ししてあそぶ

お風呂に入りながら、「きょう、ワンワンにさわったね」など、1日のことを話しましょう。そして、必ず最後に「にんじん、ちゃんと食べたね。えらかったね」と、なにかひとつほめて、むぎゅっと抱きしめます。

タオルであそぶ

タオルを湯船に浮かべ、たっぷり空気を入れて大きな風船をつくります。その風船を軽くポコポコたたかせてみましょう。さらにタオルの風船を、湯船の中に沈めてむぎゅっとつぶさせます。空気の泡がブクブク出てくる楽しさに、きっと夢中になることでしょう。

泡であそぶ

泡は、最強のお風呂あそびの道具です。頭を洗いながら、髪の毛を立たせてタワーをつくったり、泡をあごにつけておひげをつくったり、泡を体につけて洋服にしたり。鏡に映る姿にきっと大よろこびするはずです。

洗面器や手桶であそぶ

洗面器や手桶を逆さまにしてお湯をたたくと、バコンバコンと大きな音が出ます。さらに、洗面器を逆さまにして空気を閉じ込めたまま湯船に沈めてから一気に空気を放出すると、ボコボコーン！と大きなオナラが大爆発。

しっかりあんよ

のころ

なんでも吸収する時期です。自発的なあそびが増え、自我や思考も芽生えて記憶力もついてきます。頭の中で思い描くことができるようになり、それを大人に伝えようとします。同時に、ものをなにかに見立ててあそべるようになります。

成長が爆速すぎて……

最近は ひとりで集中して あそぶことも 増えてきたね
うん うん
できたことを よろこんだり できないことを 悔しがったり
すごく 人間らしく なってきた な～って
うおぉぉ
パチ パチ
あんなに ほにゃほにゃだったのに いつのまにか…
子の成長が あまりにも 爆速で…
このまま いくときっと あっという間に
え? あそび たいの? 忙しいから また今度ね
ガーン
ううっ ムスコくん!
その日がくるまで パパとママと いっぱいいっぱい あそぼうね!
ぎゅう
うう
うう～!!!

ASOBI 11

お砂をほじほじ

すくって、ほじって、
かためて、積み上げて。
砂っておもしろい！

体　感覚　お外で

あそびポイント

スコップで穴を掘ったり、バケツに砂を詰めたり、手でトンネルをつくったり、水をかけてサラサラの砂をかためたり……。砂あそびをすることで、さまざまな感覚が刺激されます。最初はぎこちなかった道具の使い方も、繰り返すうちに上手になっていき、思い思いのあそび方で、想像力を発揮することもできます。汚れてもいい服で、思いきり楽しませてあげましょう。

あそび方

公園の砂場に、スコップやバケツを持ってでかけます。はじめは砂よりも道具にふれている時間がほとんどですが、それも大事な通過点。「いっぱいすくえたね」など共感してあげましょう。

最初はただ道具を
にぎっているだけ

しばらくすると
砂がすくえるように

➡ ARRANGE

2歳以降の砂あそび

2歳をすぎると手先も器用になってくるので、道具よりも、直接砂にさわって穴を掘ったり山をつくったり、砂を変化させてあそべるようになります。山くずしなどの簡単なゲームもできるようになります。

➡ CARE POINT

砂あそびは衛生面で心配という人は？

公園の砂場の衛生面が心配で、あそばせたくないという人も増えています。「あそんだら手を洗う」を徹底すれば、細菌などの感染はほぼ防ぐことができますが、それでも不安な場合は、砂場に固執することはありません。粘土や水あそびなど、砂に代わるものであそばせてあげましょう。

ASOBI 12

ふれあいタイムのペア運動

大人とふれあう楽しい時間があるからこそ、思いきりひとりあそびに熱中できる♪

ペアってことが
うれしいの♡

心　体　感覚　おうちで

あそびポイント

歩く、走る、はう、のぼる、投げるなど、子どもは日々のあそびの中で、たえず体を動かしています。そのため、特別に運動あそびの時間を設ける必要はありませんが、大人といっしょに行う運動あそびは、単に体を動かすだけでなく、ふれあいの要素を含んでいます。ひとりあそびが多くなる時期だからこそ、ペアでできる運動を取り入れて、楽しい時間をすごしてください。

あそび方

腕や足の力を鍛える体を使ったあそびと、タオルを使った全身運動のあそびを紹介します。たっぷりあそべば夜にはぐっすり眠ってくれるかも！

タオル綱引き

腕力や握力の強化に。

手押し車

背筋、腹筋、腕力の強化に。

タオルキャッチ

投げる、取るの全身運動に。

足飛びぴょんぴょん

広げた足を飛び越え（またはまたいで）脚力強化に。

ARRANGE

1本道を渡ろう

外にでたら、花壇のブロックの上など落ちても危なくない10cmほどの高さの上を、手をつないで歩かせてみましょう。落ちないように工夫をしながら歩くので、バランス感覚が身につきます。

CARE POINT

指1本で手つなぎ

外でなかなか手をつなぎたがらないときは、「にぎれるかな？」と、指を1本出してみましょう。意外にすんなりつないでくれますよ。

ASOBI 13

紙コップでボーリング

ボールを転がす、
コップの山を崩して積み上げる。
好きなあそびが2つも！

ゴロ
ゴロ
ゴロ
ころがるのは
ボールだけとは
かぎらない……

体　感覚　おうちで

あそびポイント

予測する力が身についてくる時期です。ボールを転がしては追いかけたり、あちこちにぶつけてみたりと、あそび方も上手になってきます。ボール転がしができるようになったら、紙コップでボーリングをしてみましょう。ボールがないときは新聞紙を丸めて（→P.83）転がしてもOKです。紙コップの積み上げは、ぜひ子どもといっしょに行ってください。

あそび方

ボールを転がして、重ねた紙コップを倒します。まっすぐに転がすのは意外に難しく勢いがなければなかなか倒れないので、最初は距離を近くにしたり、いっしょにボールを持って投げたりして、やり方を教えます。

➡ ARRANGE

糸電話でおしゃべり

紙コップがたくさんあったら、糸電話をつくってみましょう。①コップの底に穴を開け、②タコ糸で2つの紙コップをつないで、③糸をテープで留めれば完成です。糸がたるんでいると声が伝わらないので、ピンとはってあそびましょう。

ASOBI 14

クレヨンお絵かき

腕を動かすと線があらわれる。
それってとってもおもしろい♡

わー
じょうず～！

心
感覚
おうちで

あそびポイント

お絵かきは感覚を刺激し、子どもが持つ感性や表現力を伸ばしてくれます。点でも、線でも、はみ出しても、何色を使っても、持ち方がヘンでも、トントンたたいても、それが危険なことでない限り、ブレーキをかけないであげましょう。この時期は好きにかいて、たくさん手を動かすことが大切です。お絵かきにうまいヘタはありません。楽しんでいること、それがなにより大切です。

あそび方

大きな紙とクレヨンなどを用意します。最初は大人がいっしょにかいて、どうすればいいのかを見せてあげましょう。机の上でかいてほしい気持ちもわかりますが、どんな格好でかいていても注意はしないように。汚されてもいいように服装や環境は先に整えておきましょう。

ARRANGE

指や手でお絵かき

手に直接絵の具をつけて紙にペタペタしてもOKです。クレヨンを持つよりも簡単で、ぬるぬるした感触も味わえるので、多くの子どもが夢中になるお絵かきあそびです。おうちでは、ビニールシートを敷くなど、汚れ防止をしてから行いましょう。スポンジでペタペタするのもおすすめです。

ASOBI 15

はさむ 引っぱる 洗濯バサミ

指は第二の脳。
だからいっぱい
指先を使っちゃお!

ひふに
はさむのは
やめましょう

体　感覚　おうちで

あそびポイント

個人差はありますが、このころになると親指・中指・人差し指の3本指が使えるようになり、指先に力を入れることができるようになります。洗濯バサミなど身近な道具を活用して、つまむ・引っぱるあそびをしてみましょう。つまんではさむという動きは大人が思っている以上に複雑です。できなくても問題はありません。できる範囲でアレンジして楽しみましょう。

あそび方

厚紙にネコの顔や、カニの体などをかいたものを用意して、ネコのひげやカニの足に見立てて洗濯バサミではさんでもらいます。はさむ動作がまだ難しいときは、先に洗濯バサミをつけておき、引っぱって取ってもらいましょう。

つまんで
はさめたら
カニにはさんで
完成させる
カニさんの足
増えて
きたね!!
はさめない
ときは
はさんであるものを
引っぱって取ってもらう

ARRANGE

洗濯バサミでアート

洗濯バサミをつなげていくと、いろいろな形がつくれます。ほかにも、同じ色の洗濯バサミを集めたり、洗濯もの干しをちょっと手伝ってもらったり。工夫次第であそび方はどんどん広がります。洗濯バサミは種類も多いので、できるだけはさみやすいものを用意してあげましょう。

つなげて
お手伝いで

ASOBI 16

お手伝いであそぼ♡

お手伝いをしたら
「ありがとう」と言われる。
それが続ける力になる♡

心　体　感覚　おうちで　お外で

あそびポイント

子どもはお手伝いが大好き。もちろん、まだまだ上手にはできません。でも、大人と同じことをしているのが楽しいのです。「上手ね」「ありがとう」とほめてもらえれば、ますますうれしくなり、それが自信にもつながって、もっと新しいことがしたいという意欲や成長を育みます。まずは、子どもがやりたがる簡単なお手伝いからまかせてみましょう。

あそび方

オムツをゴミ箱に捨てもらう、フローリングワイパーや粘着テープでおそうじをしてもらう、買いもののときにカートを押してもらうなど、ちょっとしたことですが、あそびの感覚でお手伝いをしてもらいましょう。

ARRANGE

野菜をちぎる

キッチンでのお手伝いでは、野菜をちぎる、お箸を並べてもらうなどがおすすめです。刃ものは手の届かない場所にしまいましょう。

CARE POINT

**お手伝いは
できることにあわせて**

洗濯ものをたたむ、きちんとお片づけをさせるなど、1歳児にはまだ難しいことをお願いすると、お手伝いがイヤになってしまいます。簡単にできるものや、ちょっとだけがんばればできるものをやらせてあげることが長続きの秘訣です。

ASOBI 17

「つもり」と「見立て」あそび

大人が普段のしぐさを見直すいい機会になるかも？

ねかしつけ？
それとも
おこしてる？
バシッ
バシッ

心
体
感覚
おうちで

あそびポイント

積み木を車に見立てて走らせたり、ジュースがあるふりをして注いだり、ぬいぐるみを赤ちゃんに見立てておかあさんのつもりでお世話をしたり……。2歳近くになると、これまで自分が見たり経験した記憶をもとに、そこにないものを頭の中でイメージしてあそぶ、「つもり・見立てあそび」ができるようになります。

あそび方

人形を赤ちゃんに見立てて、ごはんを食べさせたり、おんぶをしたり、寝かしつけたり、小さなおかあさんになったつもりでお世話をします。大人はそばで見守って、ごはんのときに「もぐもぐ」と効果音を出してあげたり、「おねむなのかも？」とお世話のヒントを与えてあげましょう。

CARE POINT 1

つもり・見立てあそびはまるで親の鏡!?

「つもり・見立てあそび」の主役は子どもです。大人はサポート役に徹しましょう。子どもが行うしぐさや行動は、普段大人が見せている行動が反映されます。いろいろ反省させられたり、気づかされたりすることがあるかもしれません。

CARE POINT 2

見立てあそびでおこる子どもの変化

見立てあそびをすることで、想像力が育まれます。社会性が育ち、自分以外の他者を意識するきっかけにもなり、お友だちと少しずつあそべるようになっていきます。この「つもり・見立てあそび」が、その後、友達と楽しむ「ごっこあそび」へと発展していくのです。

0歳から楽しめる

手あそびうた②

Finger play songs

「ロンドン橋」のメロディに
あわせて歌う手あそびです。
体の名前がたくさん出てくるので
自然と覚えられるよ♡

あたまかたひざぽん

作詞：不詳　イギリス民謡

あ た ま か た　ひ ざ ポン
ひ ざ ポン　ひ ざ ポン
あ た ま か た　ひ ざ ポン
め　みみ　はな　くち

1

あたま

両手で頭をさわる

2

かた

両手で肩をさわる

3

ひざ

両手でひざをさわる

4

ポン

1回手をたたく

5

ひざ ポン ひざ ポン
あたま かた ひざ ポン

3と**4**を繰り返してから、
1から**4**を繰り返す

6

め

両手で目をさわる

7

みみ

両手で耳をさわる

8

はな

両手で鼻をさわる

9

くち

両手で口をさわる

げんこつ山のたぬきさん

わらべうた
げんこつ やまの たぬきさ
ん おっぱい のんで
ねんねして だっこして
おんぶして またあした

おじいちゃんもおばあちゃんも
みんな知っている手あそびです。
最後にじゃんけんをする
ゲーム性も人気のひとつだよ♡

1
げんこつ山の たぬきさん

両手でげんこつ(グー)をつくり、上下を入れ替えながら8回打ちあわせる

2
おっぱいのんで

両手を口に持っていき、おっぱいを飲むしぐさをする

3
ねんねして

手のひらをあわせて左右のほおに1回ずつ添える

4
抱っこして

両手を胸の前でやさしく交差させる。または抱っこするしぐさをする

5
おんぶして

両手を背中にまわしておんぶするしぐさをする

6
また　あし

両手でグーをつくり、胸の前でぐるぐるまわす

7
た

最後にじゃんけんをする

おまけえほん

お子さんと自由に楽しんでください。

ゴロン ゴロン

ぎゅ〜
ぎゅ〜
ぎゅ〜

びよ〜ん

おまけ実験

赤ちゃんに1ページずつ絵を見せてみよう！

ちゃんと「顔」がわかるかな？

やり方

新生児からできる実験です。「正しい顔の絵」（右）と「顔のパーツ配置がめちゃくちゃな絵」（左）を、赤ちゃんに1ページずつゆっくり動かして見せてください。実験結果は、左の「配置がめちゃくちゃな絵」には興味を示さず、右の正しい顔の絵のほうを追視していました。さて、あなたの赤ちゃんはどうですか？

解説

新生児の赤ちゃんの視力は0.01 ～ 0.02ほどで、まだぼんやりとしか見えていません。にもかかわらず、右の顔に注意を向けたということは、大変興味深いことです。もし、あなたの赤ちゃんが右の正しい顔の絵のほうを長く見ていたら、すでに「顔」を正しく認識しているのかもしれませんね。

STAFF
デザイン　八木孝枝
DTP　高 八重子
編集・執筆　引田光江
齋藤那菜（グループONES）
校正　関根志野
あそび案協力　東大島駅前保育園
2001年、東京都江東区に開設。
同区の認証保育園としては第1号。
☎03-5656-2622

赤ちゃんと一緒に楽しむ

あそびアイデアBOOK

監　修　開一夫
発行人　橋田真琴
発行所　朝日新聞出版
〒104-8011　東京都中央区築地5-3-2
電話（03）5541-8996（編集）
（03）5540-7793（販売）
印刷所　図書印刷株式会社

ISBN 978-4-02-334023-7
JASRAC出2103508-101

監修

開 一夫（ひらき かずお）

東京大学大学院総合文化研究科広域システム科学系教授。慶應義塾大学大学院博士課程修了、博士（工学）。専攻は赤ちゃん学、発達認知神経科学、機械学習。「赤ちゃん学」を専門とし、東京大学赤ちゃんラボを運営。赤ちゃんに大人気のテレビ番組「シナぷしゅ」（テレビ東京）を監修。赤ちゃんが本当に好きな絵本を作りたいと「あかちゃん学絵本プロジェクト」も立ち上げて、『もいもい』『うるしー』『モイモイとキーリー』（ディスカヴァー・トゥエンティワン）などの絵本を監修。著書に『赤ちゃんの不思議』（岩波新書）、共著に『ミキティが東大教授に聞いた赤ちゃんのなぜ?』（中央法規出版）がある。

イラスト・マンガ

倉田 けい（くらた けい）

イラストレーター・漫画家。2019年に長男を出産。SNSに日々投稿していた子どもの成長記録漫画『365日アカチャン満喫生活』（KADOKAWA）が初の単行本に。乳児期特有のかわいらしいしぐさや行動の描写、成長の分析などが、多くの共感を集めて話題になっている。